世界に広がるフェアトレード

—このチョコレートが安心な理由《わけ》—

清水　正

創成社新書
26

はじめに

フェアトレードと聞いて、皆さんは何を思い浮かべるだろう。ピンと来ない人も多いかもしれない。経済活動のグローバル化とか、バレンタインデーのときに話題になったチョコレート、もしくはコーヒーを生産する中南米の農民の顔かもしれない。

中国の冷凍ギョウザにおける問題でも顕著になったように、原料がどこで生産されてどうやって運ばれてきたかが、消費者にもわかるようにする責任が問われている。また、赤福などの製品表示（食品偽装）や製紙業界による再生紙の偽装問題といった消費者を欺く不祥事が相次ぎ、２００７年から大きな社会問題となっている。このような消費者を欺くような不祥事が今後まったく起きないとは考えられない。

こうしたなか、消費者の支持の下、より公正な国際貿易の実現を目指し、開発途上国の生産者や労働者が搾取されることなく、自立して人間らしい生活ができるよう、彼らに正当かつ公正な対価を払うことを目的としたフェアトレードが、注目を集めるようになってきている。良好な労働環境や仕事の機会を提供することで、開発途上国の経済的な自立を目指すフェアトレードの仕組みに基づいた輸入商品は、一般的な途上国の製品と比べ価格は高くなるが、社会貢献を意識して購入する消費者も多い。

この本を書こうと思ったきっかけは何だったのか、執筆しているときに自問していた。もう8年前になる。2000年秋、オランダで当時2歳になった長男の子育てをしている時にフェアトレードに「出会った」ことを思い出した。それまでは、政府開発援助（ODA）やNGOによる開発途上国での活動にどっぷり浸かっていたが、実施してきたプロジェクトに関わる農民などの生産者がプロジェクトに依存する援助のあり方（モダリティ）に、いささか疑問をもち始めていた。しかし、実際にどうしたら打開できるのかという次のステップを見つけられないまま、1999年にネパールを去り、オランダに活動の拠点を移し、私は子育てをし、妻が仕事をすることになった。転職して2000年秋から妻が働き始めたのが、オランダの開発NGOの1つであるソリダリダドであった。彼女の上司で、ソリダリダドの代表でもあるニコ・ローゼンが当時取り組んでいたのが、フェアトレードで、有機コットンのジーンズやアパレル製品をフェアトレードの製品としてオランダ国内外で売り出すべくキャンペーンを展開していた。その姿は、どちらかというと日本でイメージしている汗臭い地道なNGOではなく、ビジネスを営む青年起業家のように新鮮に写ったことを覚えている。

その後、私自身も少なからず欧米諸国のフェアトレードについて見聞を得る機会が増えてきた。そして、いつかフェアトレードについて自分でもまとめてみたいと思うようになり、機会があるごとに生産者と会ったり会議に参加したり、現場を訪ねるよう心がけてきた。そして、久留米大学の3人の先生（そのうちの1人が西川芳昭先生）が中心となって創成社から出版していた『市民参加のまちづくり』シリーズのコミュニティ・ビジネス編にオランダのフェアトレードについて執筆する機会を2006年に得た。そのときにまとめたことを弾みに、このたび創成社が新しく出版する新書シリーズに、ぜひフェアトレードについて書かせて欲しいと企画書を提出したところ、思いがけずゴーサインが出た。

あれから1年以上経った今、いろんな方々の助けを借りてこの本を執筆し出版できることを光栄に思う。この本では、フェアトレードについて基本的なことをできるだけ網羅するとともに、欧米諸国でますます盛んになっているフェアトレードの背景と最近の動きを、少しでもお伝えできればと思う。また、これまで関わってきた仕事や訪ねた開発途上国での体験も交えてみたい。そして、この本を読んだ方々の1人でも多くが、何らかの形でフェアトレードに取り組んでいってもらえればと願わずにいられない。

2008年5月

清水　正

目次

はじめに
第1章　なぜ今フェアトレードなのか――1
経済活動のグローバル化／多様化する貿易問題／開発途上国における開発援助のあり方―貧困対策の決定版が不在／批判からのフェアトレード／なぜ今フェアトレードなのか？
第2章　フェアトレード運動の過程と歴史――11
フェアトレードの創成期・黎明期（1940年代後半から1960年代半ば）／南北提携期・ネットワーク期（1960年代半ばから1980年代後半）／認証

ラベル運動期／メインストリーム化・多様期／日本における今後のフェアトレードの展望

第3章　フェアトレードに関する主要団体――26
国際フェアトレード連盟（IFAT）／国際フェアトレード連盟のフェアトレード基準／IFAT国際会議（ベルギーにて）／国際フェアトレード・ラベル機構（FLO）／アグロフェアについて／オルター・トレード・ジャパン（ATJ）／フェアトレード・オルガニサーティ（FTO）／レインフォレスト・アライアンス／ウッ・カペ／地域別のフェアトレード商品仲買・輸入業者

第4章　生産者団体とフェアトレード商品――52
換金作物／エルサルバドル西部のコーヒー組合を例に／換金作物でないもの

第5章　消費者の動き（ヨーロッパや北米、日本）――71
フェアトレード消費者の動き全般／フランスのフェアトレード消費者を例に／日

本の消費者／オランダの事例―ボランティアとしての参加／個人投資家としての参加

第6章　メインストリーム化に向けて――84
オランダのメインストリーム化（ファッション業界）／幻のファッション業界進出／日本での展開／ラベル認証について／資金調達に関して（前払い等）／フェアトレードの推進に向けて／メインストリーム化への工夫―メインストリームとオルタナティブ

第7章　これまでの開発援助の方法との比較――103
貿易問題／日本における開発援助―ODA／日本のODAによるフェアトレード関連事業その1：「エチオピア　ベレテ・ゲラ参加型森林管理計画」／プロジェクトの背景／プロジェクトの枠組み／認証審査を受けるまでの流れ／コーヒー輸出業者との契約／初めての出荷／日本のODAによるフェアトレード関連事業その2：アルゼンチン北部「トバ族共同体生産開発計画」

第8章　開発途上国における生産者や貧困層自身の主体性育成の可能性――122
最貧困層とフェアトレード／一村一品運動とフェアトレードの連携／底辺からのグローバリゼーション／日本のODAによるフェアトレード団体への支援―運転資金運用／日本におけるフェアトレード運動の推進・展開に向けて

エピローグ――136

あとがき　145
略号一覧　150
資　料　151
参考文献　155

第1章　なぜ今フェアトレードなのか

2005年、世界の貿易輸出額が初めて10兆ドルの大台を越えた（経済産業省、2006）。交通機関や通信機器等の発達により、世界の貿易規模は急速に拡大している。国境を越えた取引は日々拡大化しており、日本人である私たちはその恩恵を受けながら、ベルギーのチョコレートをコンビニで手に入れられるようになり、スウェーデン製の家具を容易に購入し、東南アジアから輸入されるエビに舌鼓を打つことができるようになった。近年グローバル化の進展により、スーパーなどで私たちは多くの外国製の商品を手にすることができる。

そのなかでも農産品や衣料品などの1次産品には、開発途上国で生産されたものが多く含まれている。メイドインジャパンのものと比べて、これらの開発途上国で生産された商品は一般的に安いが、なぜ安くなっているのだろうか。商品が安くなるメカニズムを途上国における生産から貿易、販売までの商品の流通ルートを追ってみていくと、流通ルートの終着点となる先進国の消費者が安い商品を求める結果、生産者と消費者の中間に位置する仲買人や商社などの流通業者がコストを可能な限り抑えるために生産物を不当な安値で生産者から買いあげるという現状がある。その皺寄せは、結果として開発途上国の生産者にかかっていることが多い。このようなフェアでない貿易に代わる新たな貿易の形としてフェアトレード（公正貿易）[1]が、日本でもイオンやスターバックスのフェアトレードコーヒー導入の動きにみられるようにわずかながら注目されてきた。

本書では、ヨーロッパや北米、日本におけるフェアトレードの発展とそれに至る背景を書くこととする。コーヒーやバナナといった農産物や手工芸品に関わる苦労話や、日本や欧米諸国等でフェアトレード運動に取り組むNGOや会社の紹介、ジーンズ等を通じたファッション業界へのアプローチ、そしてフェアトレード運動に取り組むに至った人物たちの自伝等を含みながら、フェアトレード運動の全体像を少しでも伝えられればと思っている。同時に、これまでODA等で実施されてきた開発途上国における日本政府等の開発援助を通して見えてくる援助の方法（モダリティ）について考察する視点を提供し、開発途上国における生産者や貧困層自身の主体性育成の可能性を探りたい。

経済活動のグローバル化

経済活動のグローバル化という流れはどのように発生したのだろうか。その1つに、従来からの経済活動の構造変化の1つとして、グローバル化が考えられる（経済産業省、2007）。構造変化である経済のグローバル化とはさまざまな経済活動の舞台が地球規模の拡大をしていくことであり、その本質は、市場の力を活用して国際的に資源配分の効率化（限界生産性の均等化）を図る動きである。これを現象面から見ると、ヒト、モノ、カネ、技術、情報といった経済活動に関わる資源の国際的移動の活発化である。世界規模での資源配分の効率化の発展は、世界経済全体の拡大に寄与し、効率化の担い手は利益を得る。その利益を求める人々の営みこそが、経済のグローバル化の原動力である。

産業革命が起きた後の1930年代には、アルゼンチン等のラテンアメリカ諸国が、そして1950年代からは、日本など東アジア諸国が、第1次産業からの脱却とともに、工業化の努力を開始した。また、アジア、アフリカ、中南米の植民地がそれぞれ独立をした1960年代からは、各国がそれまで輸入に頼っていた工業製品を、徐々に自国の国内生産に切り替えようとした。しかし、この輸入代替工業化は、供給面では、教育を受けた規律ある労働者や技術者が不足したということがあり、多くは成功には結びつかなかった。また、労働者や農民の低賃金や失業によって、国内購買力が不足し、ハイパーインフレに見舞われた国々も多い。その後1970年代には先進国の賃金が上昇するにつれて、企業は開発途上国に労働力を求めるようになった。現在では先進国で消費する商品の製作を効率化するため、比較的賃金の安い開発途上国との貿易を積極的に行っている。たとえば、日本国内の百円ショップの製品のほとんどは中国製である。また、米国と国境を接するメキシコは、北部の国境沿いにマキラドーラと呼ばれる衣料品や工業製品の工場を誘致し、原料資源や労働を最低コストで確保し、その製品市場を発展させることを目指している。最近ではマキラドーラはメキシコのみならず、さらに賃金が安いエルサルバドルなどにも進出している。このような国境をまたいだ経済活動の結果が資本主義の国際化につながり、グローバル化につながってきているといえよう。

多様化する貿易問題

多国間貿易は、経済活動のグローバル化により、以前にも増して盛んであるが、大航海時代（15世紀中ごろから17世紀中ごろまで）以降にイギリスやオランダ等の欧州諸国に黒字をもたらした三角貿易が、歴史上の1つの節目であろう。これは、3地域間（たとえば、欧州、西アフリカ、西インド・北米）で、当時宗主国であった欧州の国々が植民地（アフリカ、中南米、アジア諸国）で生産された農産物や労働者（奴隷）を売買することによって巨大な利益を得た貿易で、西アフリカからカリブ海の西インド諸島等に「黒い積荷」として奴隷が運ばれたことから、別名「奴隷貿易」とも呼ばれている。この三角貿易は、主に欧州宗主国に都合よく出来ており、実際には他の2カ国（2地域）にとっては利益がなく搾取されるだけということもあり、さまざまな軋轢を生んだ。このような「奴隷貿易」は、19世紀に入り人権侵害・人権無視といった世論の反対が徐々に高まっていったものの、結局20世紀前半に禁止されるまで、欧州宗主国により続くこととなった。

では現在は、奴隷貿易が存在しないかというと、先進国と開発途上国の格差が問題となっており、たとえば、世界の富の8割が全世界の人口のたった15％の人口で所有されているという状況（Ｂｏｘ１参照）であることも忘れてはいけない。日本も先進国の一員として世界の富を享受している事実も、普段の快適な生活では忘れがちである。24時間営業のコンビニエンスストアに囲まれ、トイレの始末も飲料水で済ませる生活を日本でしていると、グローバル化した経済活動の恩恵を受けない人々が、開発途上国を中心にたくさんいることを忘れてしまいがちである。

図表１－１　大西洋三角貿易の例

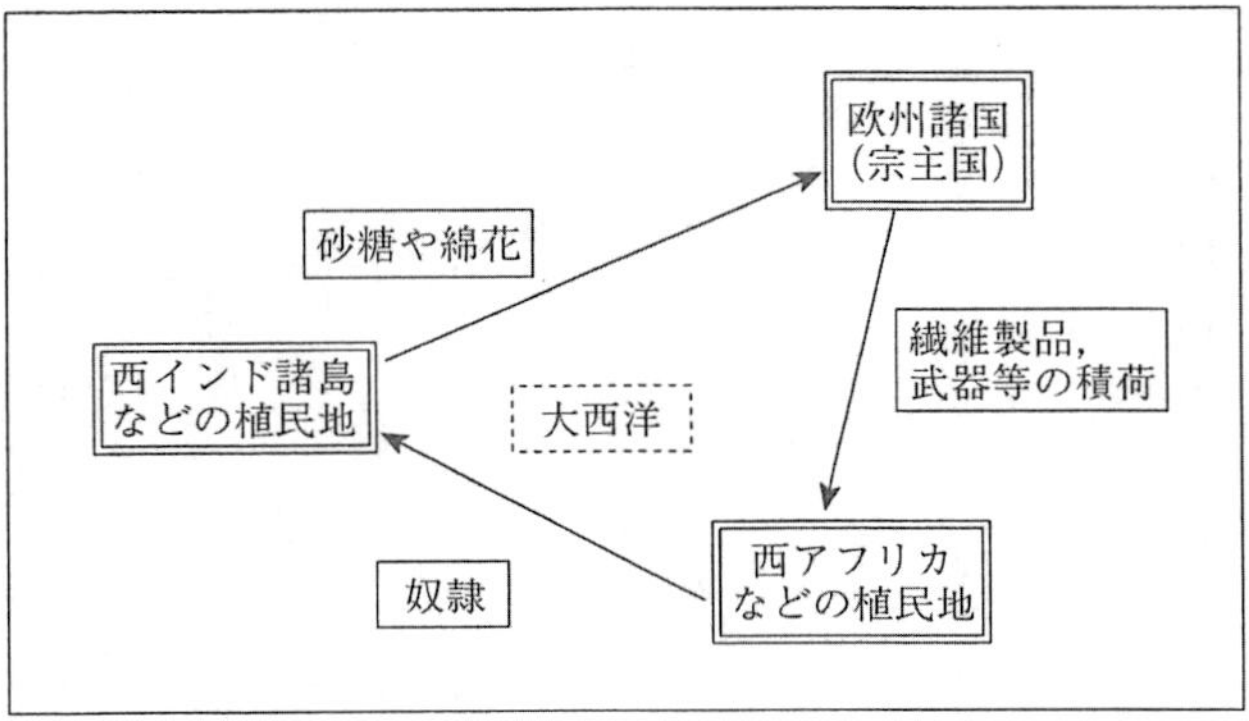

Box 1　世界がもし100人の村だったら

もし，最新の世界統計を使って，全世界の人口約63億人を100人の村に縮小するとどうなるでしょう（最新情報の要チェック!!)。その村には…

57人のアジア人，

21人のヨーロッパ人

14人の南北アメリカとオセアニア人

９人のアフリカ人がいます

一番豊かな15人が全世界の所得の80％を占め，いちばん貧しい38人は全世界の所得の３％で暮らしています。

41人は不衛生な環境で暮らし，

17人は安全な水を飲むことができず，

17人は栄養が不足しています。

参考：マガジンハウスホームページ（http://www.magazine.co.jp/100people.)。

開発途上国における開発援助のあり方―貧困対策の決定版が不在

1964年にジュネーブで開催された第1回国際貿易開発会議（UNCTAD）で掲げたスローガンに「援助ではなく、貿易を（Trade, not Aid）」がある。独立間もない開発途上国では、援助は無くても、自分たちの生産物を公正な価格で先進国に買ってもらい、稼いだ外貨で工業化していけば、自立発展ができるという主張だった。そして、公正な貿易を実現するために彼らが要求したのが、いわゆる三大要求と呼ばれるもので、具体的には、①国際商品協定の締結、②開発途上国の工業製品や半製品への特恵関税、ならびに③工業化に必要な資金の融資だった。それから半世紀経った現在、世界貿易機関（WTO）の難航、自由貿易協定（FTA）の締結増加傾向、グローバリゼーションといった世の中の動きとともに、先進国や超国籍企業（TNC）寄りの不公正な貿易ルールや、先進国に都合の良い貿易の二重基準が幅を利かせている。

こうした状況の下、開発途上国やそれらの国の貧困層は、国境なき貿易により、以前にも増して生活が苦しくなっているのが現状といえよう。歴史的にも、欧米諸国は第2次世界大戦前までは、アフリカやアジア等の植民地支配を通じて、戦後は貿易を通じて富を蓄積するという先進国優位の構図が変わらないまま、今に至っている。別の見方をすれば、日本を含む先進国は、「開発途上国に（貿易を通じて）自立的・持続的発展をしてもらうと都合が悪い」と考えることもできる。多くの植民地が独立した１９６０年代から50年以上経った現在、自立心旺盛だった多くの途上国は、「援助ではなく、貿易を（Trade, not Aid）」を目指したものの、次第に「貿易も援助も」、そして「貿易がダメなら援助で」というように、世界銀行や国際通貨基金（ＩＭＦ）等の提案を受け入れながら、徐々に自国の経済開発方針を変えてきたともいえる。その結果、１９９０年代後半の先進国による援助疲れ、21世紀になってからは貧困削減戦略文書（ＰＲＳＰ）やミレニアム開発目標（ＭＤＧ）等の地球規模の貧困対策が生じてきた。

批判からのフェアトレード

有名ブランドや大企業は、結局のところ先進国にしか利益をもたらさない、というのが『ノーロゴ』著者のナオミ・クライン等の反グローバリズム主義者の主張である。大企業の利益追求型の経済体制に巻き込まれないようにしようというのが彼らの主張である。利益追求を目指すだけでなく、開発途上国における環境保全や生産者の人権に配慮するためフェアトレードを行っていこうという主旨が明らかである。その好例が、化粧品等を扱っているボディショップであろう。欧米諸国での一般的なフェアトレード推進者にはそのような考えが基盤にあることが多く、よってスターバックスのようにフェアトレードのコーヒー豆を販売するものの、ネッスルやチキータのような多国籍企業がフェアトレードには批判的である。それはグローバル化の経済活動から最大の利益を得る多国籍企業が利益を追求することによって、このような貿易体制を作り出したのだから、それらの企業の製品の一部がフェアトレードだと主張し、フェアトレードラベル認証をマーケティングに利用してメインストリーム化を推進するのはおかしいという主張からくるものである。それは資金洗浄にあやかってグリーンウォッシュとかエコウォッシュと非難されることもある。

なぜ今フェアトレードなのか?

オランダでは、市民のなかにフェアトレードが根付いているのに、日本ではまだ一部の「特別」な人（開発援助に関心のある人、市民運動に取り組んでいる人、大学生協でフェアトレード商品に触れている学生等）にしか購入されていない。認識度も欧米諸国と比較するとかなり低い。2005年末に日本貿易振興機構（ジェトロ）が国内の一般消費者を対象に調査したところ、2859名の回答者のうち、フェアトレードの飲食料品を買ったことがある人が7・7%、手工芸品は3・9%だった。第5章でも述べるが、日本国内でのフェアトレード商品の売り上げは、欧米諸国と比べて1人当たりでも非常に少なく、国内にフェアトレードが普及しているとはいえないのが現状である。

ここ数年、その土壌の違いは一体どこにあるのだろうかという疑問が付きまとっていた。幸い、妻が1年半ではあるが、フェアトレード運動を促進する有力な団体の1つである国際フェアトレード連盟（IFAT）に2007年6月まで勤めていたこともあり、いろんな方と知り合い、情報も共有できる機会があった。そして、日本とは違う欧米諸国のこれまでの貿易の歴史や、慈善活動に馴染んでいる欧米諸国の市民の意識の違いが根底にあるのではないかと思うようになってきた。次の第2章では、フェアトレード運動の過程と歴史を振り返ってみたいと思う。

註

（1）Fair Tradeの的確な邦訳については今のところ確認していない。Alter Tradeは、「民衆交易」と称されている。詳細は、東京に事務所を置くAlter Trade Japan（ATJ）のホームページ（http://www.altertrade.co.jp）を参照。

第2章　フェアトレード運動の過程と歴史

第1章でも述べたが、欧米諸国では、フェアトレード運動の基盤ともなる商品作物の貿易が昔から盛んであった。大航海時代（15世紀中ごろから17世紀中ごろまで）以降にイギリスやオランダ等の欧州諸国に黒字をもたらした三角貿易（または奴隷貿易）で、人身売買であるアフリカからの奴隷を中心に、綿花や砂糖、香辛料といったさまざまな商品作物が取り引きされていた。日本は19世紀半ばまで約4世紀間、鎖国政策をとり続けていたが、欧米諸国はその期間に世界各地でさまざまな貿易を展開していたのである。

19世紀に入り、奴隷貿易が法律で禁止される（たとえば１８０７年のイギリス）など取締りが厳しくなり、それぞれのヨーロッパ列強国が禁止された奴隷に代わる商品の貿易を世界各地で、合法交易のもとに始めることとなった。それまではアフリカ沿岸部を拠点にしたヨーロッパ列強国は、内陸に入り領土を占有し始めた。その好例が、探検家スタンレーである。彼は、ベルギー国王のレオポルド2世の庇護のもと、1879年からコンゴ川流域で、400あまりの条約を土地の酋長と結び、王の私領「コンゴ自由国」の成立に貢献した。このような無秩序のアフリカ大陸を憂慮した列強が開催したのが、1884年11月から翌年2月まで続いたベルリン会議である。この会議には、領土占領を狙った13カ国（アメリカ、イギリス、イタリア、オーストリア＝ハンガリー、オランダ、オスマン・トルコ、スウェーデン＝ノルウェー、スペイン、ドイツ、フランス、ベルギー、ポルトガル、それにロシア）が参加し、その後のアフリカ植民地分割の基となる勢力範囲や実効支配の原則が合意された。

このような植民地支配は、宗主国では民主主義が実施されているのに、植民地では武力等による威圧と搾取がまかり通るという、ダブル・スタンダードの典型であろう。議会民主主義の母国イギリスが世界各地（特にインド）で繰り広げた植民地支配、輝かしい近代革命と人権主義の国フランスが19世紀初頭からインドシナで行った植民地支配などが、ダブル・スタンダードの例として知られている。これは、東南アジアにおけるオランダも同じである。東インド（現在のインドネシア）で行われていたオランダによる植民地支配の実態を内部告発した小説が、フェアトレード認証ラベルの先駆けとして名前が知られている『マックス・ハベラー』である。この小説は、19世紀のオランダ作家・思想家で近代文学の父と呼ばれるムルタトゥーリによって書かれたもので、当時の商品作物（コーヒーや砂糖、茶、藍、タバコなど）がどのように強制的に栽培され、オランダ人支配者によって独占販売されたかという経済的搾取の様子を、オランダ商事会社（VOC）のコーヒー競売を舞台に描き出している。

このように欧米諸国の植民地として統治された東南アジア、中南米、アフリカでは、第2次世界大戦後に植民地が独立するまで、さまざまな商品作物（砂糖やバナナ、コーヒー、綿花など）がプランテーションで生産されることとなった。これらのケースでは、一国の産業構造が歪み、問題を引き起こすこととなる（詳細は第4章も参照）。

17世紀から世界各国の植民地化政策を進めてきた欧米諸国において、第2次世界大戦後アジアやアフリカの国々が次々と独立していくなか、数世紀の間展開してきた自由貿易が実はアンフェア（不公平）な制度であるという批判が高まっていった。また、欧米諸国の宗教団体や慈善団体が、（元）植民地での農民や農村の暮らしを保障したり改善する目的で、細々と手工芸品等を買い付け、先進国の教会や慈善団体の集会等で販売するように

図表2－1　フェアトレード運動の移り変わりと主な団体

創成期・黎明期	1940年代後半から1950年代	宗教団体・慈善団体
組織化・市民運動活性期	60年代から70年代	第3世界ショップ，オルタナティブ貿易組織
南北提携期間	70年代から80年代	途上国生産者団体・フェアトレード組織
ネットワーク化期間	70年代後半から80年代後半	第三世界情報ネットワーク，国際フェアトレード連盟，欧州フェアトレード協会，欧州世界ショップネットワーク
認証ラベル運動期	80年代後半から90年代後半	マックス・ハベラー，トランス・フェア，国際フェアトレード・ラベル機構
巨大企業参入期・ビジネス化	90年代後半から2000年代	スーパー，超国籍企業
メインストリーム化・市場拡大指向	2000年代から	
グローバリゼーションの波と貧困対策（多極化・対立化）	2000年代から	国際機関，NGO
認証統一化の動き	今後？	社会的・環境的基準認証機関

なったのも、第2次世界大戦後からである。

日本でも、1980年代後半からフェアトレード運動が始まり、ここ数年活況の兆しを見せている。フェアトレードを取り上げる本や雑誌も増えてきており、季刊『あっと』の3号および8号や月刊誌『農業と経済』の2004年4月号ではフェアトレードの特集が組まれている。また、消費者や生産者という立場を超えて、大学生を主体としたネットワーク（たとえばフェアトレード学生ネットワーク：FTSN、2004年に設立）が日本国内で広がってきていることからもわかるように、フェアトレードに関心をもつ層が広がってきている。

フェアトレードの創成期・黎明期（1940年代後半から1960年代半ば）

フェアトレード活動は、第2次世界大戦後の1940年代後半に「オルタナティブ・トレード（もう1つの形の貿易）」として、米国でNGO（非政府組織）活動のなかから始まったとされている。北米のメノナイト中央委員会（MCC）が1946年にテン・サウザンド・ヴィレッジ（TTV、Ten ThousandVillage）という組織を作り、プエルトリコの刺繍職人と交易を始めたのが、フェアトレードの発端であるとされている（Box2参

Box 2　フェアトレードの発端

北米で著名なフェアトレード運動組織のテン・サウザンド・ヴィレッジ（TTV, The Ten ThousandVillage）は，1人の女性によって発足した。メノナイト中央委員会（MCC）の職員の1人であったエドナ・バイラー女史が，カリブ海のプエルトリコで裁縫を指導するボランティアを1946年に訪問したときに，貧困に苦しむ地元女性の生活向上を目的とした技術指導を行った。その後，自宅のあるアメリカ・ペンシルバニア州のアクロンに戻った際にもち帰った彼女らの刺繍作品を近所の人々に販売したところ好評を博し，販売のリストに，パレスチナ難民のステッチ刺繍やハイチの手彫り林産物などを追加し，自家用車で販売するようになった。彼女はすぐに「Needlework Lady（針仕事の女性）」として知られるようになった。1970年代に入ってから，MCCの正式な事業として展開することとなり，セルフ・ヘルプ・クラフツ（SELF HELP CRAFTS）としてフェアトレード運動が続けられ，1996年にテン・サウザンド・ヴィレッジが設立された。現在，テン・サウザンド・ヴィレッジは，カナダやアメリカ合衆国において，ボランティアを基本とする非利益団体が経営する雑貨屋さんでもあり，開発途上国のフェアトレード商品を仕入れて販売するなど幅広く活動している。

出所：テン・サウザンド・ヴィレッジホームページ（http://www.tenthousandvillages.com/php/about.us/history.php/ および http://www.tenthousandvillages.ca/mas_assets/pdfs/CanadaAnnualReport.pdf）（2007年9月24日閲覧）。

照）。

また、ヨーロッパでは、イギリスのオックスファム（Oxfam）が当時香港に難民として逃れていた中国人が作ったクッションを1950年代に教会やチャリティーショップで売り始めたのが、オルタナティブ・トレードの始まりとされている。その後、北米では、1958年に初のオルタナティブ・トレードショップがペンシルバニア州に、イギリスではオックスファムが1964年に初のオルタナティブ貿易組織（ATO、Alternative Trade Organization）をそれぞれ開店させている。開店当時、店頭での主な商品は手工芸品や織物で、現在、国際フェアトレード・ラベル機構（FLO）等で認証ラベルがついていない製品がほとんどであったとされている。このことからもわかるように、植民地時代に開発途上国で生産され貿易の対象であった換金作物（コーヒー、カカオ、綿花等）とはほとんど接点の無い商品が販売され、手工芸品や織物の取り引きにより、開発途上国の人々を支援していくことがATOの大きな目的でもあった。

通常の世界貿易の場合、どうしても中間マージンが多すぎて、立場の弱い開発途上国の生産者が犠牲となりがちであることから、貿易の利益がより均等で公平に切り分けられるべきであるという主張の下で、フェアトレード運動がこのように始まったのである。

南北提携期・ネットワーク期（1960年代半ばから1980年代後半）

その後、フェアトレードは1960年代に入り、南北問題を緩和し、開発途上国の人々を支援する開発援助の一環として運動が拡がっていく。創成期（黎明期）には、教会や途上国援助団体が途上国の生産者から商品を買ってその収益を援助に充てるという草の根活動であったものが、南北問題というテーマを軸に「第三世界ショップ」等の店舗が欧米諸国で開設されるようになった。オランダでは1967年に輸入業者としてのSOS世界通商（SOS Wereldhandel、現在Fair Trade Organisatie：略称FTO）が設立され、平行して「第三世界」グループがサトウキビから精製された砂糖を「サトウキビから出来た砂糖を購入して貧しい国の人々に陽の目が当たるように!!」というキャンペーンを展開しながら販売し始めた。これらのグループは民芸品も取り扱うようになり、1969年には初めての「第三世界ショップ」がオープンした。

1960年代から70年代にかけて、さまざまなNGOがフェアトレードを支援するようになり、開発途上国においても多くの関連組織が貧困対策や災害援助を通じてフェアトレードに取り組むようになった。当初は、民芸品を取り扱うことが多かったが、1973年にオランダのSOS世界通商が、中米・グアテマラの農業組合から「公正に取引された」コーヒーを輸入することにこぎつけた。今では、先進国のフェアトレード団体の売上高の25―50％を占めるまでに成長する代表商品となっている。

1960年代から70年代にかけては、欧米のさまざまなNGOが途上国の農村開発や人権問題に取り組むなかで、第3世界ショップやATOを設立し、徐々に組織化がされていくこととなる。オランダでは、現在のFTOの前進となるSOS世界通商が、1967年に設立され、アフリカやアジア、中南米諸国においても多くのATOが誕生することとなった。

一方、1980年代に入り、市場経済主義が広がり、コーヒーなどの商品作物の国際相場が低迷するようになったことから、開発途上国で換金作物を生産する農民たちの生活が困窮する事態が生じるようになってきた。これまで、「開発援助」を主体に取り組んできた欧米諸国のNGO等は、世界規模の「貿易問題」に目を向けるようになり、そのなかで「貿易のなかにいてそこで搾取されている人」が対象となってきた。この動きを受けて、これまでオルタナティブ・トレードと呼ばれていた運動がフェアトレードと呼ばれるようになる（1985年にロンドンで開催されたイギリスや開発途上国からの生活協同組合関係者の会議において、「アンフェア・トレードはもうたくさん、これからはフェアトレードだ」と後に第三世界情報ネットワーク（TWIN）の創設者となるマイケル・ブラウン氏が言ったのが始まりとされている）。

1980年代後半から日本でもNGOを中心として少しずつ活動が始まるようになる。それが最近では世界的なフェアトレードのネットワークが構築されるなどして、「援助」という概念から「経済行為」という概念ももたれるようになってきた。

認証ラベル運動期

1980年代に入り、フェアトレード運動は新たな展開を始めることとなる。それまでは、どちらかというと少数派で先進的な市民が関わってきた経緯のある運動だが、一方で「第三世界ショップ」のようなフェアトレードの専門店を訪れることのないような潜在層の掘り起こしを図るため、コーヒー好きのオランダ人を対象としたコーヒーの「フェアトレード・ラベル」運動が展開された。これは、メキシコのコーヒー栽培農民と活動をともにしてきたオランダ人牧師と、オランダのカソリック系NGOであるソリダリダドが共同で、「フェアトレード・ラベル」と呼ばれる品質保証ラベルを普及する活動を展開したのが始まりで、1988年にはマックス・ハベラー財団という組織がオランダで生まれた。

メインストリーム化・多様期

このフェアトレード・ラベルにより、オランダでは1990年代から一般消費者向けにスーパーマーケット等の大規模店でコーヒーなどのラベル商品が売られるようになり、現在に至っている。当初は、「フェアトレードのコーヒーは、質が悪くあまりおいしくない」と思っていた一般消費者も、品質が保証されたラベルに信頼を置くようになり、購買者層の裾野が拡がっていった。こうして欧米諸国や日本等で広がったフェアトレード・ラベルを推進する団体は、それぞれ違った名称とマークを使っていたが、2003年からフェアトレード財団として統一され、共通のマークをつけるようになってきている。

欧米諸国でフェアトレード認証機関が創設されたのは、1990年代前半である。イギリスやフランスでは1992年に設立され、日本でもトランス・フェアの日本支部としてトランス・フェア・ジャパン（現在のＦＬＪ）が、１９９３年東京に設立されている。欧米諸国の場合、人権保護、環境保全や国際協力に長年関わってきたＮＧＯ（オックスファム、アムネスティインターナショナル、グリーンピース等）やフェアトレード団体（マックス・ハベラー、トランス・フェア等）、そして企業（ザ・ボディショップ等）が構成団体として認証レベルの推進機関を発足した経緯がある。１９９０年代後半から、メインストリーム化の一環として、これまで第3世界ショップ等で限定的に販売されていたフェアトレード製品を、一般の小売店やスーパーマーケットに流通させるため、コーヒーを皮切りにバナナやチョコレート等にフェアトレード・ラベルが付けられて販売されるようになった。

一方、日本では、トランス・フェア・ジャパンが落下傘的に海外から入ってきて、従来のフェアトレード団体や関連ＮＧＯとの連携が無いまま、フェアトレード認証ラベル付きコーヒーが販売されるようになった。特に２００２年には、スターバックスがラベル付きコーヒーの販売を日本でも始め、翌年には国内最大の小売業者であるイオンがフェアトレード認証ラベル付きコーヒーの販売を始めることとなった。こうした状況の下、日本の一般消費者の間では、「フェアトレード・ラベル＝一般企業」というイメージが展開される結果となった。残念ながら、このイメージが、日本のフェアトレード運動における関係者団体の間での対立を未だに引きずる一因となったことは否めない。この日本のフェアトレード業界での対立は、大企業を中心とする「認証型」フェアトレードと、国際フェアトレード連盟（ＩＦＡＴ）加盟団体やオルター・トレード・ジャパン（ＡＴＪ）といった「提携型」フェアトレードの「目に見えない対立」ともいえる。こういった対立が、日本におけるフェアトレード市場の発展を妨げている要因の一部とも考えられ、今後のフェアトレードの発展を考える上で重要な課題といえよう。

日本における今後のフェアトレードの展望

昨今、値段だけにこだわらず、『健康や環境』等の付加価値のある商品を購入したいと考える消費者が増えてきた。企業側もトヨタのプリウスのように環境に配慮した製品の販売を促進するようになった。

これらのことからみて日本でもフェアトレードという政策が浸透する地盤ができつつある。フェアトレード商品の意義と商品を正しく広めていくなら、消費者の心を捉え日本でも一般的な商品として購買されるようになる可能性が大きい。

そこで、今の日本で、どのように働きかければフェアトレード商品を欧米のように普及させることができるかを考えてみる。まず、政府は政策によりフェアトレードを広め、ODAなどにより必要な資金を援助する。企業は社会的責任に基づいた商品の取り扱いを心がけ、それにマッチしたフェアトレード商品の販売を促進する。消費者は商品価値をよく考え、問題意識をもつとともに生産者とのつながりを大切にする、といったことが必要である。

しかしながら、はじめから理想通りに事が進まない可能性も大いにあるだろう。フェアトレードというのは、依存心をもたせる温床にならないよう配慮しながら、途上国を自助努力により自立させようとするものである。その観点から『フェアトレードのもつ発展途上国の自立という意義が反映されていない』とか、『現在の欧米でのフェアトレード商品の拡大は、消費者趣向にあった人目を引く包装デザインの導入などの洗練されたマーケティング展開が相当大きく貢献しており、これは消費者資本主義の波に乗るブランド商品となりかねない』といった批判がある。

しかし同情心やマーケティング戦略的な要素も、日本において早期にフェアトレード商品を普及させるためには必要なことと思われる。フェアトレードの趣旨にそって商品を普及させるにはまず認知を促し、購買意欲をそそらなければならない。フェアトレードは商品を流通させてこそ働く支援である。最初は同情心や、イメージによって商品を買っていたとしても、後に商品に対する問題意識をもつきっかけとなったり、商品の特性（丁寧な仕事だから、有機農法で作られていて安心だから等）の発見につながったりする可能性が十分ある。まず商品の流通があり、次に根本的な問題へとリンクさせていくという流れを作ることが必要である。

また、フェアトレード運動のチャレンジの1つに、貧困に苦しむ開発途上国の零細農民（地方）や土地無し住民（都市部）の生活水準をどうやって向上させるかという課題が残っている。財産が何もない最貧層において、この課題はかなり厄介である。日本は、第2次世界大戦後、貿易によってアメリカ等の市場に製品を売ることにより経済成長を遂げてきた経緯がある。

第3章　フェアトレードに関する主要団体

多様化するフェアトレードの現状を踏まえ、目的や理念の違いを考慮したフェアトレードの類型化が提案されるようになってきている。そのなかで、池上（２００４）が整理したフェアトレードの定義を次に示す。

図表3―1からもわかるように、フェアトレードの定義や条件は多岐にわたっている。そこで、２００１年に国際フェアトレード・ラベル機構（ＦＬＯ）、国際フェアトレード連盟（ＩＦＡＴ）、欧州世界ショップネットワーク（ＮＥＷＳ！）、そして欧州フェアトレード協会（ＥＦＴＡ）の４つの国際ネットワーク組織が議論して合意した共通の定義を本書では引用することとする。

図表3－1　多岐にわたるフェアトレードの定義や条件

組織名	目　的	本部所在地	定義・条件
国際フェアトレード連盟（IFAT）	南の貧困削減	オランダ・クルンボルグ市	情報公開，全関与者の力量向上，公正価格設定（前払い含む），女性の地位向上，生産者労働環境の向上，環境負荷の少ない生産
国際フェアトレード・ラベル機構（FLO）	フェアトレードによる弱小生産者の貧困緩和と持続的開発	ドイツ・ボン市	民主的運営，再生産保証の最低価格，前払いまたは融資機会，長期安定契約
欧州フェアトレード協会（EFTA）	生産者と消費者チェーンの短縮	オランダ・マストリヒト市近郊	南の生産者：意志決定過程への参加，生産者組合の強化 北の消費者：中間業者の排除，公正な価格の支払い，一部前払い
FINE（FLO, IFAT, NEWS! EFTA の連合体）	貿易における広範な公正性	ベルギー・ブリュッセル市	対話と透明性と相互尊重に基づく貿易パートナーシップ
フェアトレード連盟（Fairtrade Foundation：アメリカが中心）	小農民およびプランテーション労働者の生活向上	オランダ・クルンボルグ市	小農民：民主的で参加型の協同組合ないし組織に加入 労働者：賃金水準，労働組合への加入権，良好な住居 貿易業者：価格プレミアム，前払い，長期的計画契約

出所：池上（2004）。

・フェアトレードとは、より公正な国際貿易の実現をめざす、対話・透明性・敬意の精神に根ざした貿易パートナーシップのことをいう。フェアトレードは、とりわけ南の疎外された生産者や労働者の人々の権利を保障し、そうした人々により良い交易条件を提供することによって持続的な発展に寄与するものである。

・フェアトレード団体は、消費者の支持のもとに、生産者への支援、人々の意識の向上、そして従来からの国際貿易のルールや慣行を変革するキャンペーンを積極的に推し進める団体である。

・フェアトレードの戦略的意図は次の3つである。①疎外された生産者・労働者が、脆弱な状態から安全が保障され経済的に自立した状態へと移行できるよう、意識的に彼らと協働すること。②生産者と労働者が自らの組織において有意なステークホルダーとなれるようエンパワーすること。③より公正な国際貿易を実現するため、国際的な場でより広範な役割を積極的に果たすこと。

第2章でも取り上げたように、フェアトレードも歴史的にみると慈善活動から始まり、それぞれの地域や目的、戦略を掲げながら発展してきており、その内容は多様化している。フェアトレード商品も、たとえば国際フェアトレード・ラベル機構（FLO）は、食品15品目（コーヒー、茶、果物、スパイス、ワイン、米など）と非食品4品目（綿、花卉、観賞植物、スポーツボール）に対してフェアトレード基準を定めている。この章では、フェアトレードに関する主要団体について述べることとする。

国際フェアトレード連盟（IFAT）

国際フェアトレード連盟（以下、IFAT）は、1989年にInternational Federation for Alternative Tradeとしてイギリスの事務局を拠点に活動を進めてきた。現在はInternational Fair Trade Associationとして改称し、オランダ中部のクルンボルグ市に事務所を置いている。フェアトレードが生まれた当時は、「オルタナティブ・トレード」と呼ばれており、今でもフェアトレード団体をATO（Alternative Trading Organization）と呼ぶことがあるのは、その当時の名残である。手工芸品や織物等、いわゆるコモディティ商品とは違い、先進国と取り引きの無かった商品の取り引きで開発途上国の人々を支援するのが目的であった。現在ではFTOと呼ばれるようになってきている。IFATのメンバーは、70カ国300以上の団体から成り、2年に一度国際会議を行うほか、定期的に理事会が開かれ、独自のモニタリング評価や新規申請団体の審査等を行ってきている。右のマークは、ＩＦＡＴが認証した加盟団体に発行しているもので、「フェアトレード団体マーク」もしくは省略して「ＦＴＯ（Fair Trade Organization）マーク」と呼ばれている。このマークは、フェアトレードを実施している団体を識別するためのものとなっており、フェアトレード商品等への導入が検討されている。

ＩＦＡＴが認証した加盟団体は、次の10基準（従来は９つであったが２００７年に10番目が追加された）を順守することが求められている。

国際フェアトレード連盟のフェアトレード基準

1．生産者に仕事の機会を提供する―貿易によって貧困を減らすことを目指し、経済的に立場の弱い生産者が収入を得て自立できるよう支援します。

2．事業の透明性を保つ―生産者、消費者などすべての関係者に対して公正に接し、必要な情報を提供します。

3．生産者の資質の向上を目指す―生産者が技術を向上させ商品を流通させられるよう支援します。また、そのために継続的なパートナーシップを築きます。

4. フェアトレードを推進する―フェアトレードの目標と活動について広報や啓発を行います。また、消費者に対して商品の生産の背景について情報を提供します。

5. 生産者に公正な対価を支払う―生産者に対し、生産者自身が望ましいと考える水準の生活を保てるだけの公正な対価を支払います。また、必要な場合は代金を前払いして生産者を支援します。

6. 性別に関わりなく平等な機会を提供する―女性にも男性にも平等な賃金を支払い、技術向上やリーダーシップ訓練の機会を提供します。また、その土地の文化や伝統を尊重し、宗教や階層、年齢などによる差別をなくすよう努力します。

7. 安全で健康的な労働条件を守る―生産者が安全で健康的な環境で働くことができるよう、生産地の法律や世界労働機関（ＩＬＯ）で定められた条件を守ります。

8. 子どもの権利を守る―子どもが生産に参加することがある場合、それが子どもの健全な成長や安全、教育を妨げないように生産者と話し合います。また、国連の「子どもの権利条約」および、現地の法律や社会的慣習を尊重します。

9. 環境に配慮する―入手可能である限り、持続可能な生産が確保された資源を原材料に用います。生産工程では環境にやさしい適正技術を使い、包装や輸送にも環境負荷の低い素材や手段を用います。
10．長期的な契約と信頼関係を築きあげていくように努力します。

　このＦＴＯマークは、ＩＦＡＴが定める10基準を満たす団体に授与するというもので、そのマークを団体の広報紙・パンフレット等の文書に掲載したり、事務所や店の内外に貼ったりして、フェアトレード団体であることをアピールすることはできる。しかし、残念ながら、団体が取り扱う産品そのものにはこのＦＴＯマークを貼れない。よって、特に南の生産者からは不満が多く、第８回の国際会議（２００５年５月・エクアドル）でも、産品そのものにマークを貼れるようにして欲しいという強い要望があがっていたが、解決策が出ないまま、第９回まで持ち越された経緯があった。

国際フェアトレード連盟（IFAT）の FTO マーク

　ＩＦＡＴの加盟団体は手工芸品を扱っている団体が多く、販売促進のために手工芸品用のラベル基準も策定する必要があるが、手工芸品は、コーヒーやココアといった換金作物と違って、品質管理も難しく、その種類の多様さも、頭痛の種である。南の生産者団体と北の輸入業者が混在し、「本物で元祖のフェアトレード団体」を意識しているＩＦＡＴにとって、このＦＴＯマークの導入が重要な課題である。しかし、このマークが加盟団体の製品に貼られるようになるまでは、まださまざまなハードルが残されており、結局、第9回の会議でも議論はされたものの、具体的な解決案が定まらないまま、２００８年3月現在までこの課題は未解決となっている。このＦＴＯマークの弱みについては、アジアや中南米のＩＦＡＴ地域連合も十分認識しており、産品に貼ることができず消費者の目に触れる機会が少ないために認知度が低く、販売の拡大にあまり役立たないことから、独自にＦＴＯマークの地域バージョンを作ろうとする動きもあり、マークへの信頼度低下やフェアトレードのラベルが乱立することが懸念される。

ＩＦＡＴ国際会議（ベルギーにて）

2年前に、エクアドルで開催されたＩＦＡＴの国際会議は、２００７年5月12日から17日までベルギーの西海岸に位置するブランケンブルグで「Fair Trade at Heart（真心のフェアトレード）」をテーマに、ＩＦＡＴ事務局とオックスファム・ベルギーが中心に

IFTA 国際会議の会場

ブリュッセル市内でのパレード

なって盛大に催された。日本からは、東京経済大学助教授の渡辺龍也氏と、オックスファム・ジャパンの高津玉枝さんが参加しており、全体で約360名が参加した賑やかな国際色豊かな1週間となった。

議題の中心は、ラベル認証や、認定団体のモニタリング評価システムの改善、フェアトレード運動の今後に向けた長期戦略、毎年5月第2週土曜日に設定されている「フェアトレードの日」、新規加入希望団体への対応等、ワークショップやセッションを通じて議論された。会議中には、市民運動のノリが随所にみられたり、結論が出せないまま平行線をたどったテーマがあったりと、課題も山積みのフェアトレード運動だなあと思いつつも、グローバル化の波に飲み込まれないようにがんばる途上国の生産者団体のパワーには圧倒された。

最終日の5月17日は、参加者全員がブリュッセルに移動した。ブリュッセル市長からの歓迎のスピーチが終わった後、FTOマークの旗や大きな青い地球儀を運びながら、私も繁華街を一緒に行進してみた。そして、最終地であるフェアトレードのマーケットまで練り歩き、大勢の市民や学生、観光客が集うIFATの加盟団体のスタンドを訪ねることにした。各々がお茶やコーヒーなどを試食したり、手工芸品を手に取ったりするなか、フェアトレード輸入業者と交渉する生産団体もちらほら見かけた。そのなかで、南米チリのコンパルテは、フェアトレードワインの試飲で提供していたこともあり、いつも多くの人でごった返していたのが印象に残っている。

2年後の2009年は、ネパールでこの国際会議が開催される予定とのことである。

国際フェアトレード・ラベル機構（FLO）

国際フェアトレード・ラベル機構（FLO）は現在、2つの機関（FLOインターナショナルおよびFLO-Cert）から成っており、事務局をドイツのボン市に構えている。フェアトレード・ラベル運動組織は、1988年にオランダで（組織名：マックス・ハベラー）始まり、その後1992年に、ドイツを中心に（組織名：トランス・フェア）ラベル運動が広まっていった。ベルギーやデンマーク、ノルウェー、フランスでは、マックス・ハベラーの名称で、また、ドイツやオーストリア、ルクセンブルグ、イタリア、アメリカ合衆国、カナダ、日本ではトランス・

FLOのフェアトレード・ラベル

フェアの名称でラベル運動が展開されていった。１９９７年には、これら世界各国にあるフェアトレード・ラベル運動組織が１つにまとまり、ＦＬＯ（Fairtrade Labeling Organizations International：国際フェアトレード・ラベル機構）という国際ネットワーク組織が設立され、現在加盟国は、ヨーロッパほぼ全域、アメリカ、カナダ、オーストラリア、そして日本の計21カ国。中南米、アフリカ、アジアを中心に、５００以上の生産組合および800以上の貿易業者がＦＬＯと連携して世界的に活動を広げている。

当初ＦＬＯはフェアトレード基準の策定と基準順守の認証の両方を行っていたが、同一機関が両方に携わることは客観性の面で問題があることから、認証のみを行う別組織「ＦＬＯ－Ｃｅｒｔ」が２００４年に設立された。

フェアトレード・ラベルの基準には、全産品に適用される一般基準と産品ごとの基準がある。また、一般基準には、買い手（貿易業者）向けと生産者向けとがある。さらに一般基準には、最低限満たしているべき最低要件と、将来的に満たすべき向上要件とがある。以下に、産品ごとの基準を例示する。

・売り手と買い手は長期的かつ安定的な契約を結ぶ。
・買い手は、生産コストだけではなく将来に対する投資のための部分も含めた最低価格もしくはそれ以上の価格を支払う。
・買い手は最低価格のほかに奨励金（プレミアムと呼ばれる）を割増金として支払う。プレミアムは食品によって違うが、たとえばコーヒーの場合は1ポンド当たり10セント、カカオの場合は1トン当たり150ドル、砂糖の場合は1トン当たり120ドルとなっている。
・有機栽培の食品（たとえばコーヒーやナッツ、ジュース）の場合、買い手は最低価格や奨励金が高く設定されている。
・国際市場価格が最低価格を上回った場合、買い手は国際市場価格プラス割増金を支払う。
・買い手は、売り手から求めがあれば、契約価格の最大60%までの前払いに応じる。

こうした仕組みにより、公正な価格・労働条件の順守や環境への配慮などが行われ、基準を満たしたコーヒーや紅茶、果物等にはフェアトレード・ラベルを貼ることを認められ

図表3－2　国際フェアトレード・ラベル機構（FLO）の組織図

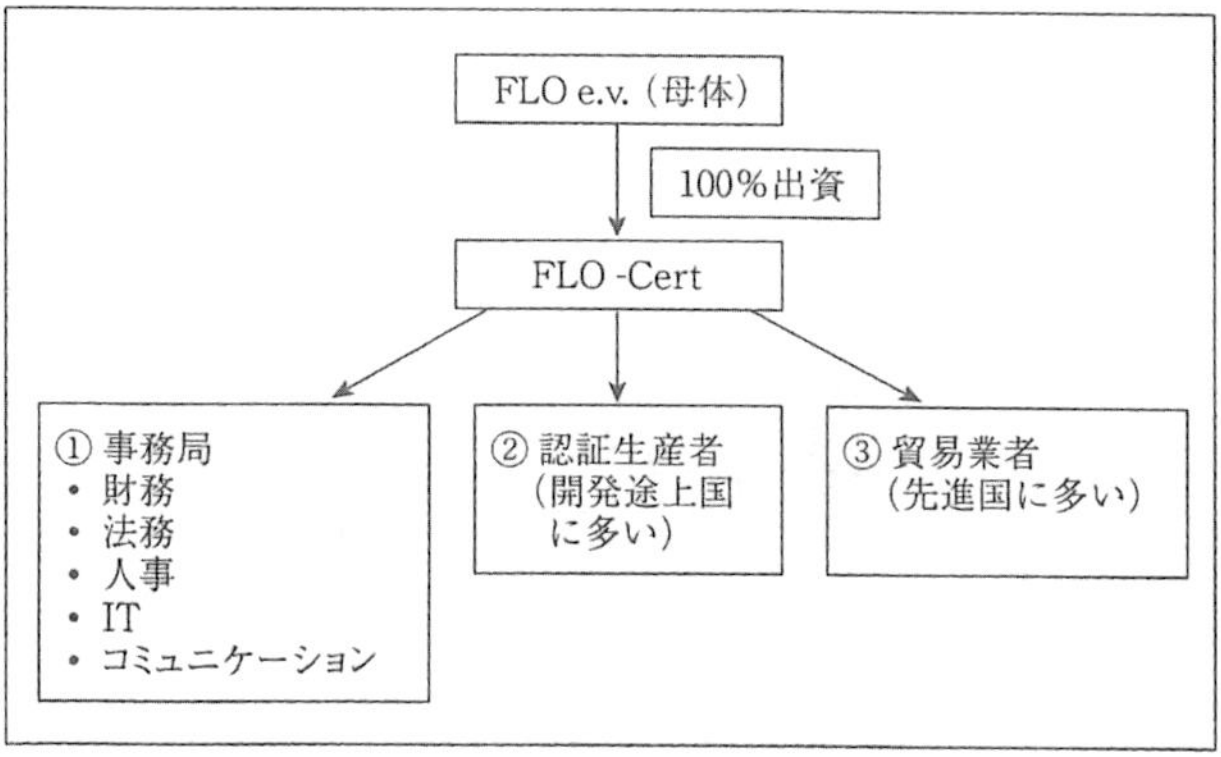

る。小売店や消費者は、ラベルが貼ってある商品を安心して販売・購入することができるようになっている。

２００４年には3名の専従スタッフで始まったこじんまりとした組織のＦＬＯ－Ｃｅｒｔであるが、３年後の２００７年には専従スタッフが50名に増え、各国に契約ベースで90名の外部審査員が働く規模の組織となっている。また、昨年の取り扱い額が、26億ユーロ（約４０００億円）に達し、成長の過渡期となっている。ちなみにFLO e.v.は、本部のボンに30名、また世界各国にリエゾンオフィサーが25名（そのうちの多くはオランダのＳＮＶから派遣されている。ＳＮＶはオランダの開発援助機関で現在32カ国で約１５００人が働いている組織。２００５年にＦＬＯとＳＮＶが

ドイツ・ボン市のFLO本部

戦略的パートナーシップを提携し、2年の任期で開発途上国（アジア、中南米、アフリカ）にフェアトレード関連のリエゾンオフィサーを派遣してきている）。

FLO（もしくはFLOインターナショナル）は、日本でいうNPO（非営利団体）で、その役割は、主にフェアトレードの基準作りと生産者支援である。一方、FLO-Certは組織的には有限会社で、その目的は、生産者の登録と監査、ならびに貿易業者の登録と監査となっている。

アグロフェアについて

アグロフェアはオランダのNGOソリダ

図表3－3　FLOフェアトレード・ラベルの仕組み

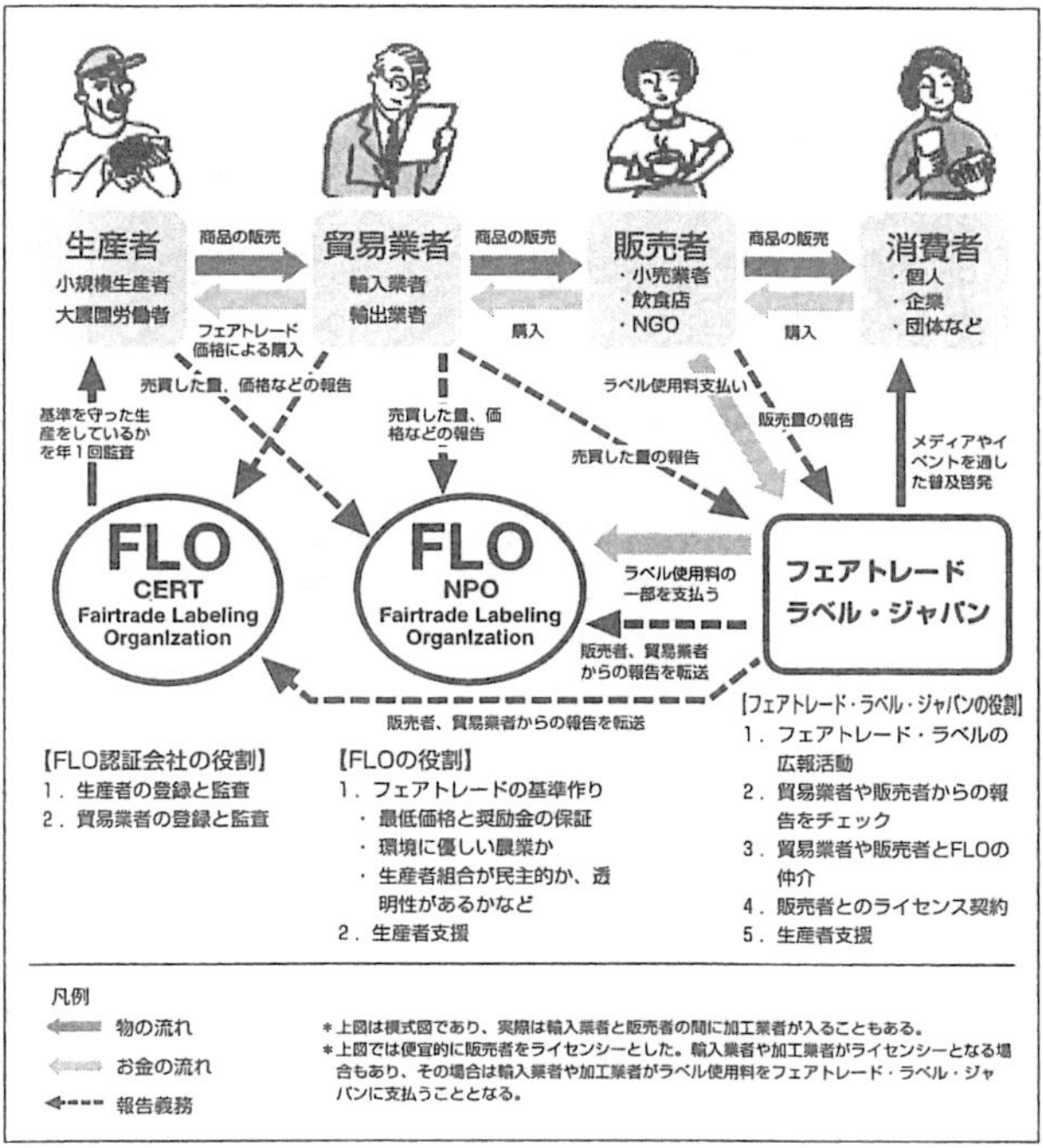
生産者
小規模生産者
大農園労働者
商品の販売
フェアトレード価格による購入
貿易業者
輸入業者
輸出業者
商品の販売
購入
販売者
・小売業者
・飲食店
・NGO
商品の販売
購入
消費者
・個人
・企業
・団体など
売買した量，価格などの報告
基準を守った生産をしているかを年1回監査
売買した量、価格などの報告
売買した量の報告
ラベル使用料支払い
販売量の報告
メディアやイベントを通した普及啓発
FLO
CERT
Fairtrade Labeling Organization
FLO
NPO
Fairtrade Labeling Organization
ラベル使用料の一部を支払う
販売者、貿易業者からの報告を転送
フェアトレード
ラベル・ジャパン
販売者、貿易業者からの報告を転送
【FLO認証会社の役割】
1．生産者の登録と監査
2．貿易業者の登録と監査
【FLOの役割】
1．フェアトレードの基準作り
・最低価格と奨励金の保証
・環境に優しい農業か
・生産者組合が民主的か、透明性があるかなど
2．生産者支援
【フェアトレード・ラベル・ジャパンの役割】
1．フェアトレード・ラベルの広報活動
2．貿易業者や販売者からの報告をチェック
3．貿易業者や販売者とFLOの仲介
4．販売者とのライセンス契約
5．生産者支援
凡例
物の流れ
お金の流れ
報告義務
＊上図は模式図であり、実際は輸入業者と販売者の間に加工業者が入ることもある。
＊上図では便宜的に販売者をライセンシーとした。輸入業者や加工業者がライセンシーとなる場合もあり、その場合は輸入業者や加工業者がラベル使用料をフェアトレード・ラベル・ジャパンに支払うこととなる。

出所：『フェアトレード認証ラベル』，11ページ。

フェアトレードのオレンジ

リダドによって設立された合弁会社で、アグロフェア・UK、アグロフェア・イタリア、アグロフェア・ベネルックスを傘下にもつ、生鮮果実を主に扱うフェアトレード団体で、主力商品はオレンジやバナナである。アグロフェアはFLOがバナナの基準をつくる前に、バナナのフェアトレードを始めたため、独自のフェアトレード・ブランド「Oké」と、フェアトレードと有機認証を取った「Eko-oke」をもっている（現在はFLO認証も取っている）。ちょうど10年前の1996年にオランダ市場に「Oké」バナナを登場させ、オランダ国内のスーパーマーケットにて70％扱われるという成功を収め、2002年には、これもまた世界初のフェアトレード・パイナップルの輸入を開始し、マンゴー、オレンジと着実に商品数を増やすに至っている。

オルター・トレード・ジャパン（ＡＴＪ）

フィリピンの農民が無農薬で育てるバナナ、インドネシアの池で自然な形で養殖されるエビ、化学加工しないパレスチナのオリーブオイルなどを販売している株式会社のオルター・トレード・ジャパン（ＡＴＪ）は、「食べる国際協力」をモットーとしている。ちょうど20年前、飢餓に苦しむフィリピンの人々を支援するＮＧＯとして活動を始めた。一時的な救援ではなく、現地の人々が経済的に自立できるような活動が必要だと、１９８９年に堀田正彦氏が立ち上げた会社で、規模は年々増え、資本金は当初の３５０万円から９９００万円に、１人だった社員も20人になった。

フィリピン側でも貧しい農民を組織して、バナナを輸出する会社を立ち上げ、社員60人、集荷する農民２７０人と、その家族の安定した生活が保障されている。フェアトレードのエビについても、最近出版された『エビと日本人Ⅱ』（村井、２００７）に詳しく紹介されている。

オランダ・ハーグ市内の FTO 店舗

フェアトレード・オルガニサーティ（ＦＴＯ）

　フェアトレード・オルガニサーティ（ＦＴＯ）は、オランダでは最も大きなフェアトレード業者で売り上げの約60％を占めており、大手スーパーマーケット等（例：Albert Hejjn、Super de Boor）に卸している。オランダ中部のユトレヒト州・クルンボルグ町に本部を構えて専属有給職員を80名雇い、およそ２５００種類に及ぶフェアトレード製品を取り扱っている。本部の隣には、卸売りのガレージもあり、一般消費者も購入できるようになっている。また、ＦＴＯは独自経営の店舗を３軒、フランチャイズで５軒の合計８つの店舗（Fair Trade Original：旧称Fair Trade shops）

をオランダ国内の主要都市にて展開している。また2007年には、デパートでもキャンペーンを展開し、オランダでも大手デパートのV&D等では常設コーナーを設置するようになった。

レインフォレスト・アライアンス

これまで取り上げた、IFATやFLOなどのフェアトレード団体とは別に、いわゆるフェアトレードの新勢力団体も最近目立つようになってきている。その1つが、アメリカの環境NGO「レインフォレスト・アライアンス」(以下、RAと略す)で、1987年に設立され、主に中南米で持続可能な農場経営や生物多様性に取り組んできた。森林保護を最優先目標とするRAは、コーヒー栽培のために森林が伐採されることのないよう、木陰で栽培された環境に良いコーヒー(shade-grown coffee)フェアトレードの形成と展開を認証するシステムを1995年に始めた。当初は環境関係の基準がほとんどだったが、労働条件や地域社会との関係に関する基準も追加されてきた。こうして誕生した認証システムであるが、基準を満たしたコーヒー農園には「Rainforest Alliance Certified」というラベルが交付される(以前はECO—OKの認証で知られていた)。

ＲＡのシステムは焙煎業者などの調達先である大規模農園を主な対象とし、農園の持続的な管理に重点を置いている。また、最低価格を定めないだけでなく、事務手数料も取らず、さらに焙煎業者は認証されたコーヒーを30％以上ブレンドすればＲＡの認証が得られる（英国では90％以上）ことから、安価で魅力的といえる。

ＲＡの基本的な発想は、コーヒー農園が「コストを切り下げ、品質を高め、生産性を上げて」認証ラベルを取得することによって「グローバルな市場における競争で優位に立てる」ということにある。そこには社会的公正を追求する視点は弱く、自助努力による品質と生産性の向上で市場競争を勝ち抜くという、いわば「市場中心主義」が色濃く反映されているように思われる。ＲＡの認証対象品目はコーヒー以外にも紅茶、ココア、バナナ、柑橘類、花卉へと拡大している。バナナについては、多国籍企業のチキータと組んだこともあって、国際的に取引されているバナナの15％以上がＲＡの認証を受けているという。

ウツ・カペ

もう１つの新勢力団体としては、２００７年までは「Utz Kapeh」（ウツ・カペ）という名前で親しまれてきたUtz Certified（以下、ウツと略す）がある。旧称のUtz Kapehは、マヤ語で1杯の良いコーヒーの意味。1990年代後半になって、フェアトレードによって需要が高まってきた安全かつ信頼の置けるコーヒーを、もっと大規模にビジネスライクに扱いたいという市場の要望に応えるため、オランダのNGOであるソリダリダドが、オランダの大手スーパー「A-hold」傘下のコーヒー焙煎業者と中米グアテマラのコーヒー農園に働きかけることにした。そして、1997年に安全かつ信頼できる方法で生産されるコーヒーを提供すべく、生産者や焙煎業者から独立した形で、ウツ・カペを立ち上げた。当初はグアテマラに事務所があったが、2002年からオランダに本社を置いている。メインストリーム化を目指したフェアトレードの動きの1つといえ、フェアトレードを従来から進めてきた一部の団体からは、邪道だとか、亜流だといった批判もかなり出たが、生産者からは根強い支援を受けている。

ウツは、「市場志向の効率的かつ責任ある生産から生み出されたコーヒーを認証し、競争が激しく、価格に敏感な市場のなかで企業がやっていけるようにすること」および「全サプライチェーンにわたってトレーサビリティを保証すること」を目的としており、2004年に発行され、2006年に改定されているグッドインサイドという実践ガイドに詳しい。ウツの基準は「エウレップ・ギャップ（EurepGAP）」の青果用の基準をベースにし

図表3－4　ウツ・カペにおけるコーヒー価格の設定基準

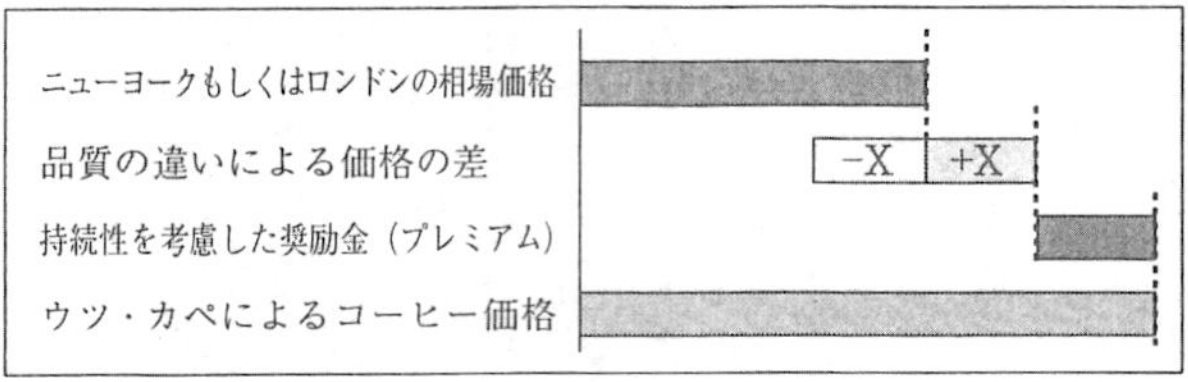

出所：Ponte, S.（2004）.

たもので、労働者を使った大農園が主な対象となっており、貧困層が多い小規模農園や個人農家は数少ない。ウツの最大の特徴は、FLOと違い、最低価格を定めていないことで、ニューヨークやロンドンの相場価格に品質の違いを考慮した上で、奨励金（プレミアム）を上乗せしていることである（図表3－4）。実際の価格は売り手と買い手の直接交渉で決められ、ウツは交渉に関与しないこととしているが、そこには外部団体に頼らず自助努力で生産者が交渉能力も身につけていくべきだという方針が見え隠れしている。ウツの認証を受けた生産者は、ウツのコンサルタント等からの指導を受けつつ、専門性を高め、効率的かつ責任ある生産をすることが求められている。

　ここ数年は、コーヒー以外にも、ココアやパーム油にも取り組み始めており、カーギルやハインツといった超国籍企業が参入しているのが特徴である。また、ウツは、当初中米グアテマラのコーヒー農園が発祥で、中南米の生産者が中心だった

図表3－5　地域別のフェアトレード団体数（2006年）

フェアトレード団体数	FLO登録業者	IFATメンバー
アジア・太平洋州	213（15カ国）	91（13カ国）
アフリカ	188（24カ国）	64（19カ国）
中南米	314（21カ国）	48（13カ国）
北　米	800（2カ国）	18（2カ国）
ヨーロッパ	1,037（15カ国）	94（17カ国）

出所：FLO International（2007），IFAT（2007）および内部資料。

が、近年はアジア（インドネシア、インド、ベトナム）やアフリカ（ウガンダやザンビア）の生産者がウツの認証を受けてビジネスを展開してきている。

地域別のフェアトレード商品仲買・輸入業者

２００６年のデータではあるが、ＩＦＡＴならびにＦＬＯに認証されているいわゆる「北」の団体は、以下の表の通りである。ＦＬＯが１９５４団体と圧倒的な数ではあるが、ＩＦＡＴも全体の３分の１にあたる１１９の団体がいわゆるフェアトレード商品の仲買や輸入業者となっている。

提携型のＩＦＡＴは、成り立ちや組織文化をみる限り、強力なリーダーがいない代わりに現場（地域ネットワーク）に意思決定を任せるヒトデ型組織である。一方、ラベル認証型のＦＬＯは、ＩＳＯ65というカリスマ的な国際基

図表3－6　先進国のフェアトレード商品仲買・輸入業者数

ヨーロッパ		FLO登録業者	IFATメンバー	所　見
1	オーストリア	47	3	
2	ベルギー	75	4	
3	デンマーク	33	1	
4	フィンランド	44	2	
5	フランス	158	9	
6	ドイツ	100	7	
7	アイルランド	57	1	
8	北アイルランド	0	1	
9	イタリア	65	13	
10	ルクセンブルグ	22	0	
11	オランダ	47	13	
12	ノルウェー	40	0	
13	スロバキア	0	1	FLOの商品も扱っている
14	スウェーデン	31	6	
15	スイス	45	4	
16	イギリス	252	22	
17	スペイン	21	6	
18	マルタ	0	1	
	小　計	1,037	94	

北　米		FLO登録業者	IFATメンバー	所　見
1	カナダ	185	4	
2	アメリカ合衆国	615	14	
	小　計	800	18	

アジア・大洋州		FLO登録業者	IFATメンバー	所　見
1	日　本	26	2	
2	オーストラリアおよびニュージーランド	91	5	
	小　計	117	7	

出所：図表3－5と同じ。

図表３－７　クモ型組織とヒトデ型組織

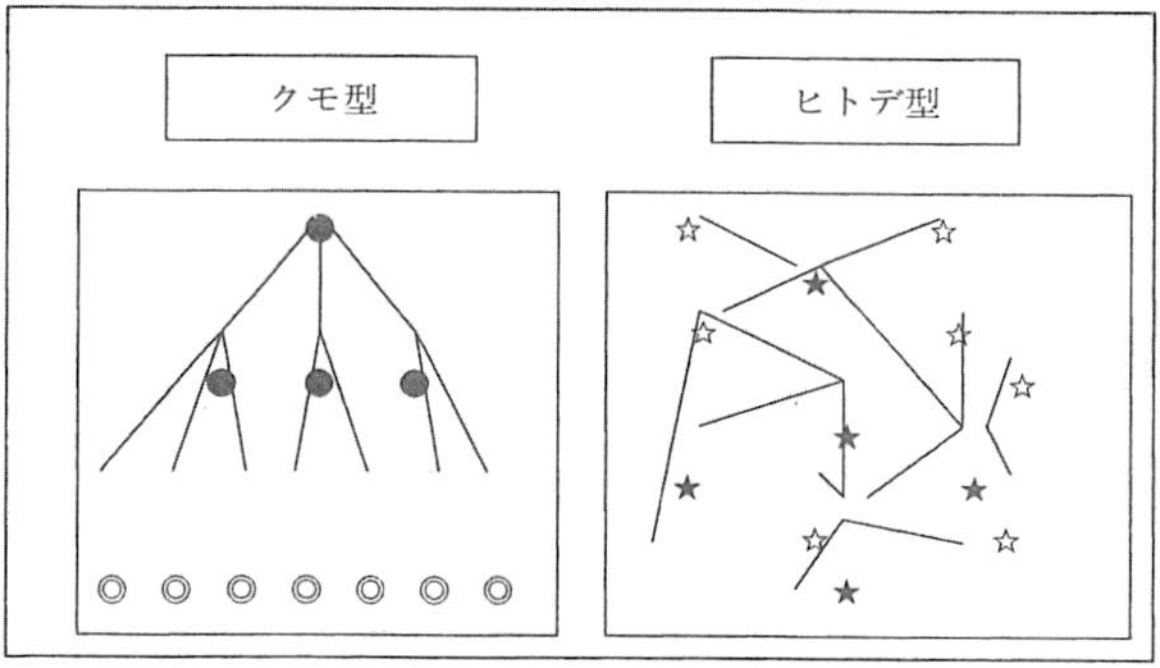

参考：ロッド・A・ベックストローム，オリ・ブラフマン（2007）。

準を背景としたFLO-Certを頂点とした、権限と責任が集中する中央集権的なクモ型組織である。ベックストロームらは、身体のどの部分を切り落としても再生できるヒトデ型組織が、21世紀の勝者になると著書で述べている。もっとも、クモ型組織もヒトデ型組織も、固有の弱みがあることから、両方の特性をバランスよくもった「ハイブリッド型」組織が望ましいといえよう。

第4章　生産者団体とフェアトレード商品

換金作物

開発途上国で生産される作物には、植民地時代に導入された換金作物が現在でも多い。そもそも換金作物とは何か？　と尋ねられれば、欧米諸国植民地時代の遺産であるといってもいいのではなかろうか。バナナや紅茶といった換金作物は、これまで大企業に独占されプランテーションという大規模農場で生産されてきていることからもわかるように、現在のグローバル経済と密接な関係がある。換金作物は、英語でCash Cropと呼ばれ、ロンドンやニューヨーク、シカゴといった商品取引所に登録されている。天候不順や先物取引等により、国際価格が常に変動しており、現場の生産者は価格下落に苦しみ収益が上がらないという状況に陥りやすい。

2001～2002年にかけて、ニューヨーク商品取引所で史上最安値の水準に落ち込んだコーヒーの先物価格がその例の1つである。生産者価格も連動して史上最安値の水準となり、世界のコーヒー生産者が貧困にあえぐ「コーヒー危機」として日本国内外で報道された。グアテマラ東部（2004年）やエルサルバドル西部（2007年）で聞き取り調査をしていたときに、このコーヒー危機により収入が激減したコーヒー農家の中には、農園を放棄して都市部への出稼ぎに出かける農民や、農薬や肥料代を最低限に抑えて何とかコーヒー生産を続けたものの収穫量や品質が低下したことで生活に苦しむ農民が数多くいたことがわかり、自分は調査だけして何も還元できないという辛い思いをその時にした。

（1）コーヒー

現在、コーヒー市場は危機に直面している。価格は30年来の安値に下落、かつてはコーヒーで利益をあげていた生産者も、現在はコストより低い値段で豆を売り、貧しい生活に苦しんでいる（辻村、2004他）。この原因として、コーヒー市場管理の崩壊や新規参入や需要の停滞などがあげられる。1989年までは、生産国の輸出割当量の設定や豆の価格を高い水準で安定させるための安定価格帯の設定など、国際コーヒー協定（ＩＣＡ）

が管理してきた市場で他の一次産品と同様に取引されてきたが、それ以降ICAが破綻し、コーヒー豆の価格は先物市場で取引され暴落した。

1990年代にベトナムが政府の補助金で農家にコーヒー栽培を奨励し、2000年には、世界第2位の生産国となった。世界最大の生産国であるブラジルも栽培方法と産地の変化で生産量が大きく伸びた。コーヒーが輸出される先進国では、他の清涼飲料水の消費の伸びが大きく、コーヒーの需要は停滞した。

しかし、このような危機の最中にも消費する先進国側の焙煎業者や小売業者は、巨額な利益をあげている。オックスファムによると、世界の4大コーヒー焙煎業者の売り上げは、それぞれ年間10億ドルを超え、インスタントコーヒーで26%近い利益をあげている業者もあり、その利益率はその他の食品や飲料品と比べても高いとされている。

エルサルバドル西部のコーヒー組合を例に

2007年6月に、中米・エルサルバドルで、西部地域に広がるコーヒー農園をいくつか訪問する機会があった。エルサルバドルは、周辺国のグアテマラ同様、コーヒーが重要な産業の1つで、2001~2002年にかけての「コーヒー危機」でもかなりの被害をコーヒー農園が受け、国際フェアトレード・ラベル機構（FLO）などによるフェアトレード・ラベル認証への関心がかなり高い。この時訪問した農園は、アウアチャパン県の高原地帯に位置するサン・ペドロ・プクストゥラ村を拠点とするコーヒー組合「コプクストゥラ（Copuxtla）」である。2000年からFLOのコーヒーとして認証されたものの、2005年からFLO認証のコーヒーとして取り引きができなくなったという事情を知り、代表であるニコラス・ペレス氏から話を聞くことにした。コーヒー組合のメンバーは設立当初25名であったが、その後2名脱退し23名となっている。メンバーの多くは自前のコーヒー農園を所持しているものの、1マンサナ（約0・7ヘクタール）程度で、多いメンバーでも2マンサナといういわば小規模コーヒー農民の集まりである。FLO認証を受けようと思った理由としては、安定価格と長期保証、そして機材購入（コーヒー生豆の乾燥機）であった。2005年には、奨励金を組合として2500ドル（約25万円）、翌年には1500ドル受け取り、倉庫の整備やパーソナルコンピューターの購入等に充てた。しかし、設立した2000年から経営は赤字続きで、あまり儲かっていないのが現状である。

ニコラス・ペレス氏は、詳しくは教えてくれなかったが、借金等がかさんだことから

コーヒー組合コプクストゥラ（Copuxtla）の
代表　ニコラス・ペレス氏

コーヒー組合コプクストゥラ（Copuxtla）の設備

２００６年にＦＬＯ認証を受けることができなくなっていた。フェアトレード基準は守っているものの、どうやらフェアトレード認証機関のＦＬＯ‐Ｃｅｒｔに支払う年間認証費用（１８００～２６００ユーロ：取扱い数量や監査結果によって幅がある）を捻出できなかったようである。その後、エルサルバドルの地元ＮＧＯなどの支援を受けて、組合も有機コーヒーの栽培や養鶏、肥料づくりなどに取り組み、多角化経営を目指していた。「何とか、２００７年度にはＦＬＯ認証を再度取得すべく、書類の申請等を済ませたい」と、彼は願っているが、前途はなかなか厳しいように思えた。

（２）カカオ豆・チョコレート

カカオ豆の多くは西アフリカで栽培されているが、ベネズエラ等中南米でも根強く栽培されている。なお、カカオといえばチョコレートの原料、チョコレートといえば日本ではガーナが頭に浮かぶが、これには某菓子メーカーの商品名が影響しており、実際は象牙海岸が世界一のカカオ豆生産国である。

カカオ豆の栽培は、コーヒー豆同様、とかく労働搾取と結びつきがちで、現在、生産量トップのコートジボアールも、カカオ農園での児童労働により国際的な批判を浴びてい

図表4－1　アフリカにおける換金作物の栽培状況（2006）

（単位：1,000ha）

地域	国名	コーヒー	カカオ	綿	タバコ
西アフリカ	象牙海岸共和国	480	1,850	269	20
	ガーナ	12	1,835	24	6
	ナイジェリア	4	1,104	678	23
東アフリカ	ケニア	170		38	15
	エチオピア	261		85	5
	タンザニア	120	7	420	34

出所：FAOSTAT（http://faostat.fao.org/）。

る。

イーブック『フェアトレード』の第3章や、その著者である斉木隆男氏のウェブサイトでも詳しく述べられているが、チョコレートの原料となるカカオ栽培で、深刻な問題の1つが、多くの児童労働者たちである。国際フェアトレード連盟（IFAT）が掲げている10あるフェアトレードの基準のうち、8番目の「子供を守る」に反する行為が、ジャーナリストやNGOなどから報告されている。カカオのプランテーションで奴隷として働かされているような過酷な労働条件が、西アフリカの諸国で未だに存在していることを知らずに、日本人の多くはチョコレートを味わっており、バレンタインデーや海外のお土産には、ベルギー産の高級チョコレートがもてはやされている。最近、フェアトレードのチョコ

カカオ豆の殻を取り除くオケ・アグンラ村の子供たち

レートが大学生協や、フェアトレード取扱店で売り上げをかなり伸ばしているということは、日本でも少しずつチョコレートを通じて、フェアトレードについて感心が高まってきていると思っても良いのかもしれない。

では、チョコレートはカカオ豆からどういう過程を経て生産され、消費者まで届くのか少し説明してみたい。また私が、２００６年に訪問したナイジェリア南部オンド州の未電化村落（オケ・アグンラ村）でのカカオ豆栽培についても少し述べてみたい。オンド州は、調査時に宿泊していた州都・アクレのホテルの看板にもカカオ豆が描かれているほど、カカオ栽培が盛んな州である。オケ・アグンラ村は60世帯のこ

カカオの木

じんまりした集落で、カカオやパーム油、キャッサバやヤム芋といった農作物を栽培しており、11月上旬に訪問していたときは、収穫されたカカオ豆の殻を村の子供たちが取り除いていた。

この時私も初めて知ったのだが、種子のさやは固い殻に覆われているものの、なかに入っているカカオの実は白く、触るとふわふわした繊維に包まれていて柔らかく、写真とかで私が知っていたこげ茶色の硬そうな豆とは、まったく違う代物であった。

カカオは、南米原産の植物で、熱帯の雨量の多い気候で育ち、主に西アフリカのガーナやコートジボアール、中南米のベネズエラやブラジル、ドミニカ共和国等で栽培されている。種をまいてから18カ月〜30カ月ほどの間に実をつけ始め、長さ30センチ・厚さ10センチほどになる。大きめのメロンみたいな感じである。

さらに余談となるが、ヨーロッパではカカオ１００％でなくてもチョコレートと呼んで良いか？　という議論が欧州経済共同体（ＥＥＣ）時代から20数年にわたって行われており、１９９７年10月の欧州議会においてようやく欧州連合（ＥＵ）として、一応の決着を見た。結果は自然化派の勝利で、カカオ95％以上であればチョコレートと名づけて売って良いことになったが、その条件として商品の外側にその旨記載することとされた。参考までで日本では12・６％以上であればチョコレートと呼んで良いことになっており、実際には植物油等を使った「チョコレートもどき」が市場に多く出回っていることになる。

どうでも良い議論ではないかと思われる向きもあろうが、コーヒー・カカオ・茶などの換金作物が自国の輸出総額の30〜50％を占めるアフリカ諸国においては、これは死活問題とさえいえる。

カカオ豆栽培の現場では、殺虫剤・殺菌剤が多く使われているが、長年古い薬剤を使い続けてきたことから昨今抵抗性の問題が出てきており（たとえば綿花に大量に使用されているピレスロイド）、欧米メーカーを中心に新規薬剤の導入が盛んである。

（3）綿製品

直接赤ちゃんの肌に触れる肌着などが、最近フェアトレード製品としても販売されるようになり、誕生祝いなどの贈答品として人気が出てきている。また、オランダや日本国内では、ファッション業界でも綿花を素材としたジーンズや、Tシャツ、ジャケット、ワンピースなどがフェアトレード商品として、フェアトレード直営店のみならず、一般のデパートなどでも販売されるようになってきている（詳しくは第7章）。綿は製品であるジーンズやタオル等になるまで、さまざまな加工を経る。綿花の繊維を紡ぐ前の状態が脱脂綿で、それを紡ぐと綿糸になり、手織りや機械織りを経て、染色された後に、綿布がやっと出来上がる。

綿は吸湿性に優れ、染色が容易で破れにくい上に、肌触りが良い繊維で、色糸はできるが破れやすい絹、また丈夫だが色がつきにくく肌触りが悪い麻と比べて、利点が多い。18世紀から19世紀にかけてイギリスを中心にヨーロッパで起きた産業革命では、この綿の利点をうまく活かしながら同一規格で大量生産できる機械織りで綿製品が大量生産された。当時、奴隷貿易を進めていたイギリスは、アフリカ等に機械織りの綿製品を送りこみ、これで奴隷と交換、さらに奴隷を西インド諸島またはアメリカ大陸に売って、英国向けの綿花原料を買い入れるという三角貿易により莫大な利益を得ていたことも歴史的な事実である。

綿は、昔は日本国内でもいたるところで栽培されていた換金作物で、かつて柳田国男は「日本人は木綿を用いぬとすれば麻布より他に、肌につけるものは持ち合わせて居なかった」と著書で述べている。木綿の好ましさの第一は肌ざわり、柔らかさと摩擦の快さ。これは絹よりもすぐれているとし、その第二に染色の佳さを柳田国男はあげている。柳田国男が執筆当時の20世紀前半における紡績工場の状態が劣悪だったことは、広く日本労働史研究等でも指摘されており、1968年に山本茂実が発表した小説で映画化もされた「ああ野麦峠」などからも当時の様子がうかがえる。柳田国男が指摘するように、綿埃（わたぼこり）は、女子従業員の結核という形で当時の社会問題になっていたのは確かである。

今の日本では、このような労働環境を思い浮かべることはいささか想像しにくいが、開発途上国では、過酷な労働条件と児童労働、環境汚染等の問題が、綿製品の製作過程においてさまざまな形で存在している。

2007年2月にNHKのBS番組で放映された「綿花地帯からの告発」（原題はKiller

Bargain）は、２００６年にデンマークが製作したドキュメンタリーで、インド北西部の実態を描いており、いかに北欧の一般消費者が、大手スーパーや小売店などで安く売られるタオルやシーツを享受しているかが、わかりやすく伝えられた衝撃的な内容である。インド北西部のコットンベルトと呼ばれる地域において、綿花の生産性を上げ、価格競争力を高めるため、年に20～30回もの農薬の大量散布（通常、年間４～５回程度の散布に抑えるべきとされている）が行われ、ガンの発生率が著しい高まりを見せているインドの状況をデンマーク撮影舞台が取材している。また地元の工場にもカメラが潜入し、劣悪で危険な労働環境に置かれた地元従業員の姿を撮影しており、見ていて痛々しい。学齢期の子供たちが、大人の従業員に交じって働く姿もみられる。

バナナやパイナップルといった熱帯果物またココアやコーヒー同様、綿花栽培にも大量の殺虫剤や殺菌剤が使われていることから、近年、有機（オーガニック）コットンへの関心が高まってきている。オランダのＮＧＯであるソリダリダドは、ペルーなどの綿花生産農家を支援して、Oro Blanco（白い金）の名称で有機コットンの栽培を促進してきている。また、日本では、１９９８年からフェアトレードでインドの有機コットン製品を扱っているフェアトレードカンパニー㈱が、２００６年からバングラデシュでも有機コットン栽培のパイロットプロジェクトを始めている。こうしたなか、国内外のさまざまな衣料メーカーがフェアトレードの基準を満たすような衣料品を販売するようになってきている。登山やキャンプといったアウトドア活動をする層に根強いファンを抱えるパタゴニアでは、インドの綿花生産者と契約を交わし、有機契約（Organic Agreement）というキャンペーンを展開してきている。

（4）バナナ等熱帯果物

バナナは日本人にとって最も馴染みの深い輸入果物の1つであろう。今でこそ、マンゴーやパパイヤといった輸入果物をスーパーで普通に買えるようになってきているが、私が小さかった頃は、バナナかパイナップル（でも缶詰が多かった）が主な輸入果物で、もっと前の世代の人は、バナナに特別な想いを抱いている（たとえば、鶴見良行『バナナと日本人』岩波新書）。

フェアトレード・バナナが市場に出始めたのは、1996年のオランダが始まりである。「Oké」というマークのもと、新しく設立されたアグロフェアにより、初めてのフェアトレード・バナナが西アフリカのガーナと南米のエクアドルから、オランダのロッテル

オランダのスーパーで販売されているフェアトレードのバナナ
（左：レインフォレスト認証，右：Okéマーク）

ダム港に水揚げされたのが１９９６年11月中旬であった。その様子を見に、オランダ政府関係者、ＮＧＯ、ジャーナリストや大手スーパーなどの関係者およそ４００名がロッテルダム港に集まった。テレビや新聞等の広報もあり、１カ月後のクリスマスシーズンには、オランダのバナナ市場シェアの約10％を占めるまでとなった。現在では、オランダのみならず欧米各国でフェアトレード・バナナを大手スーパーや第３世界ショップで気軽に購入できるようになっている。ちなみに、アグロフェアは、オランダ開発ＮＧＯのソリダリダドが、設立に向け資金面やキャンペーン等で全面的に援助して設立された会社で、２００２年には、これもまた世界初のフェアトレード・パイナップルの輸入を開始し、マンゴー、オレンジと着実に商品数を増やすに至っている。

バナナは、大規模農園（プランテーション）で生産され、農薬の使用が多いことで知られる農作物の1つである。古いデータだが、国際自然保護連合（IUCN）が1992年に中米コスタリカで調査したデータによると、コスタリカのバナナ農園で使用された農薬は、1ヘクタール当たり年間44kgで、先進国で通常の農作物に使用される農薬の平均量（年間2・7kg／ヘクタール）より、はるかに多い。

換金作物でないもの

以上、コーヒーやカカオ、綿製品およびバナナ等を取り上げ、フェアトレード商品が産まれる背景と、そこに携わる生産者たちについて述べてみた。フェアトレード商品は、これら換金作物のみならず、手工芸品やワイン、サッカーボール、切り花などの観賞植物など多岐にわたってきている。また、フェアトレードの生産者も世界中にまたがっており、たとえば、FLOのネットワークには、2006年末で、アフリカ、アジア、中南米の58カ国から569のFLO認定生産者団体、約140万の農民と労働者が加盟している。ま

図表４－２　FLO および IFAT のフェアトレード生産者団体数（2006 年末）

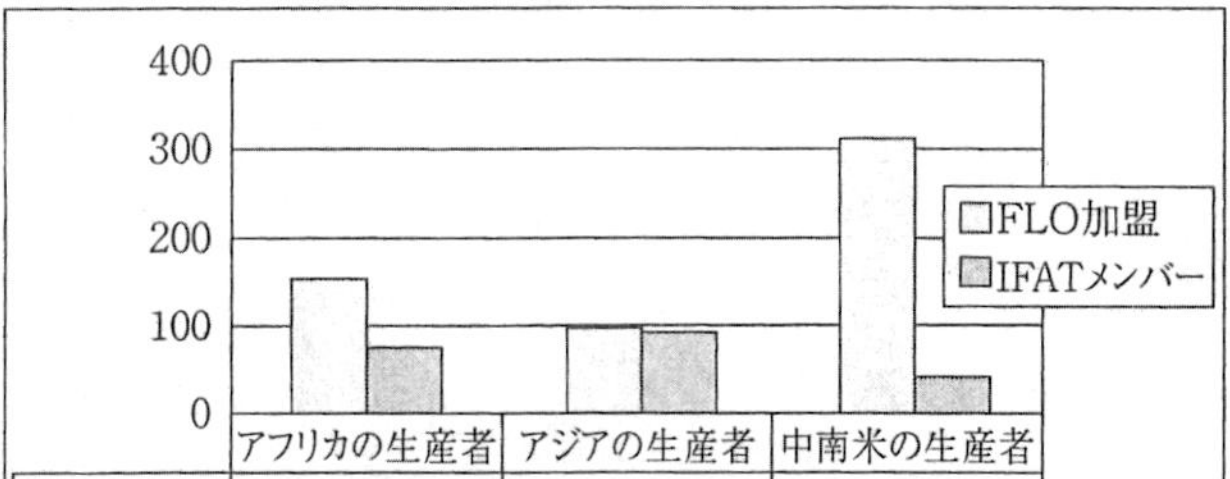

	アフリカの生産者	アジアの生産者	中南米の生産者
□FLO加盟	156	99	314
□IFATメンバー	64	91	38

参考：FLO 内部資料および IFAT 内部資料。

た、地域ごとのネットワークが形成されており、生産者同士の情報交換や研修、価格の交渉等を目標に活動している。

ＩＦＡＴも２００６年末で、アフリカ、アジア、中南米の41カ国で１９３のフェアトレード生産者団体を認証しており、独自の地域ネットワークを展開し、定期的な会合や、情報交換、ロビー活動等を繰り広げてきている。

Box 3　バングラデシュの生産者団体タナパナ・スワローズ（Thanapana Swallows Development Society, TSDS）

IFAT メンバーで日本のフェアトレードカンパニー㈱（以下，フェアトレードカンパニーと略す）と1996年以来，取り引きを続けているバングラデシュ北西部に拠点を置くタナパナ・スワローズ（Thanapana Swallows Development Society, TSDS）は，1973年にタナパナ（Thanapana）村の貧しい女性の所得向上を目指して設立された生産団体。2007年現在，203名の女性と14名の男性の計217名が綿の手織りや手編み，手刺繍，ブロック・プリントやバティック等に従事しており，年間の約4分の3にあたる7～9カ月間，ピープル・ツリーのブランドで販売される衣料品の生産に専念している。売り上げも年々伸びてきており，2007年には約950万円（80,960米ドル）の売上高となった（図表）。以前は品質的にも安定していないこともあったが，現在ではフェアトレードカンパニーと企画から納品まで1年以上かけて商品開発をしながら，手作業の技術レベル向上や品質に対する認識を高める話し合いや研修等を行うなど，長期的なパートナーシップを築いてきている。

イスラム圏であることもあって，女性が村外で働くことが難しい状況の下，フェアトレード・ファッションの製品は，こうしたバングラデシュの田舎において，多くの人々に仕事の機会と技術向上の機会を提供してきていた。また，生産工程での労働基準や環境基準も IFAT の10条に準じて守ってきている団体の1つである。

2006年9月には，タナパナ・スワローズが，NGO（任意団体）であるグローバル・ヴィレッジとフェアトレードカンパニーから助成金（4,000米ドル）を受けて，作業所の近くに乳幼児向けの保育所を設立するなど，福利厚生にも十分気を遣っていることがわかる。

衣料産業は，労働者搾取が最も激しい業界の１つとして知られており，有名ブランド企業のバイヤーはファッションの流行が変わるたびにコストを下げマージンを増やそうとし，労働者はそのしわ寄せを受け過酷な労働条件の下で働き続けることが知られている。フェアトレードで衣料品生産を行うタナパナ・スワローズとフェアトレードカンパニーの取り組みが，従来の衣料産業に風穴を開けることを期待したい。

図表　タナパナ・スワローズのフェアトレードカンパニーに対する2007年売り上げ表（2007年春夏および秋冬シーズン向け）

製　品　名	納入数	年間売上高(US$)
1．シャツ	1,990	22,115.95
2．パンツ	1,950	18,022.80
3．女性用 チュニック	1,636	15,184.09
4．ユニセックスのシャツ	1,160	9,961.00
5．ドレス	1,015	10,109.65
6．エプロン	200	1,330.00
7．靴の刺繍(織物の部分のみ)	1,140	4,236.96
合　　　計	9,091	80,960.45

参考：フェアトレードカンパニー（2007），胤森（2007）。

第5章　消費者の動き（ヨーロッパや北米、日本）

フェアトレード消費者の動き全般

フェアトレードといえば、開発途上国の生産者に関心が集まりがちだが、先進国の市民がどう関わっているかについてあまり知られていない。

これまでにもフェアトレードについて語られるときには、欧米諸国を中心とした実際の取り組みや調査について書かれた本やレポートが日本語に翻訳されて紹介されることが多かった（たとえば、ブラウンの『フェアトレード』や、ジャン＝ピエールの『暗黒物語』など）。最近になって、日本の出版界でもフェアトレードの特集が組まれるようになり、2008年前半には、フェアトレード関連の単行本や新書が相次いで出版され（たとえば、サフィア・ミニー著や、長尾弥生著、三浦史子著、長坂寿久編著など）、フェアトレードのアピール度が日本の消費者に対しても高くなってきているといえよう。

図表５－１　フェアトレード運動の三者間関係

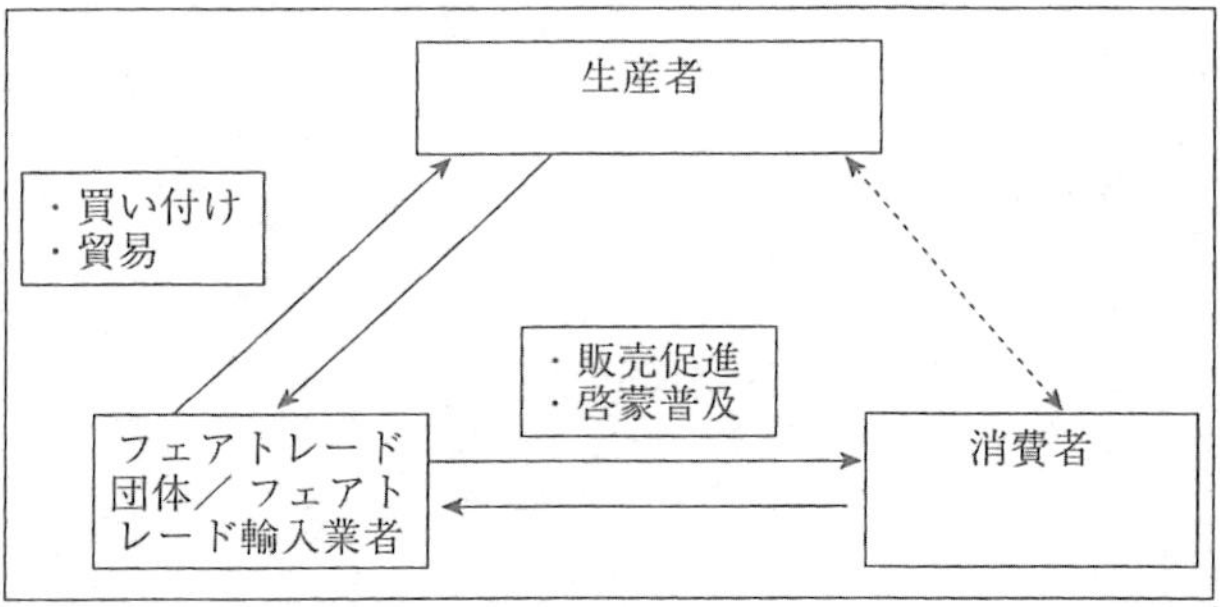

本章では、そのなかでも、フェアトレード商品の消費者（ほとんどの場合は、先進国に住む）を取り上げ、現状の把握と今後の課題を検討することとする。

イギリスやオランダ等でのフェアトレード運動の発展には、「倫理的消費者運動」と呼ばれる消費者運動がある。日本でフェアトレード運動が展開されない理由はいくつかあると思われるが、その１つには、欧米諸国では数世紀にわたって市民の精神的な支えとなってきているチャリティー（慈善）精神が根強く残っていることがあげられよう。

フェアトレード商品は、大まかに分けて次の３つに分類できる。１つ目は、フェアトレード認証ラベル（たとえばＦＬＯラベル）がある商品、２つ目は、国際フェアトレード連盟（ＩＦＡＴ）加盟団体により認証された団体の商品、そして３つ目は、オルター・トレード・ジャパン（ＡＴＪ）やウツ・カペ（Utz Kapet）、レインフォレスト・アライアンス（Rainforest Alliance）といった独自の認証システムや基準に準じた商品となり、同じフェアトレード商品であっても、認証システムや基準が異なる商品が市場に存在している。よって、世界各国におけるフェアトレード市場の全体像をつかむことはなかなか難しいが、主にFLOラベル付きの商品の小売額を参考に、主要国での市場規模をみてみたい（図表5―2）。2005年の小売額をみると、上位5カ国のうち、アメリカが1番であるが、その後はイギリス、スイス、フランス、ドイツとヨーロッパ諸国が続く。また年間1人当たりに換算した小売額では、スイスの19・06ユーロ（当時約2600円）を筆頭に、ルクセンブルグの6・25ユーロ（当時870円）、イギリスの4・67ユーロ（当時約650円）となっている。その他のヨーロッパや北米の国々も少なくとも年間1人当たり1ユーロ以上（ドイツとイタリアを除く）の水準となっている。一方、日本の場合、2005年の小売額は、336・5万ユーロ（約5億円）で、オランダの約10分の1である。また、年間1人当たりの小売額は10円にも満たず（約5円）、オーストラリア・ニュージーランドと並んで、小売額はかなり低水準となっているのが現実である。もちろん、フェアトレードの歴史が浅いことや他の要因も考えられ、ヨーロッパ諸国の水準とは簡単に比較はできないが、日本のフェアトレード市場は未熟で、今後市場が拡大する余地は十分あると思われる。

図表5－2　国別のフェアトレード・ラベル付商品推定小売額（単位1000ユーロ）

主要国	2006年	2005年	2004年	増加率	年間1人当たりの小売額（2005年；ユーロ）
1．ヨーロッパ					
イギリス	409,500	276,795	205,557	34.7	4.67
スイス	135,300	143,117 (1)	136,000	5.2	19.06
フランス	160,000	109,062	69,670	56.5	1.81
ドイツ	110.000	70,855	57,500	23.2	0.86
オランダ	41,000	36,500	35,000	4.3	2.26
イタリア	34,500	28,000	25,000	12.0	0.49
オーストリア	41,700	25,629	15,781	62.4	3.15
ベルギー	28,000	15,000	13,605	10.3	1.49
デンマーク	21,500	14,000	13,000	7.7	2.62
フィンランド	22,500	13,032	7,553	72.5	2.50
スウェーデン	16,000	9,271	5,495	68.7	1.04
ノルウェイ	8,600	6,734	4,786	40.7	1.49
アイルランド	11,600	6,552	5,052	29.7	1.66
ルクセンブルグ	2,800	2,250	2,000	12.5	6.25
スペイン	1,900	30	(N.A.)		
2．北　米					
アメリカ	499,000	344,130	214,603	60.4	1.17
カナダ	53,800	34,848	17,537	98.7	1.11
メキシコ	(N.A.)	222	111		
3．その他					
オーストラリア・ニュージーランド	7,200	2,462	885	178.2	0.10
日　本	4,100	3,365	2,500	34.6	0.03

注（1）2006/2007レポートでは，133,800,000ユーロとなっている。
出所：FLO-International, Annual Report 2005/2006および2006/2007。

フランスのフェアトレード消費者を例に

消費者のフェアトレードに対する認知度の違いについて、京都大学の池上甲一助教授が中心となって２００５年末から２００６年にかけて、フランスと日本で実施したアンケート調査の結果が興味深い（『あっと』８号）。フランスでは、フェアトレードについて74％が知っており、約半分の49％がフェアトレード商品を過去に購入したことがあるとしているのに対し、日本では、一般消費者の約3分の2にあたる67％がフェアトレードという言葉を知らないと答えている。また、フェアトレードのラベル認証の代表的なＦＬＯのラベルについても、日本では８割を越える回答者がＦＬＯラベルをこれまでに見たことがないということがわかった。

また、このアンケート調査では、食品の類別購入方法も取り上げている。フランスでは、コーヒーや紅茶を購入する際に重視する点が、産地・生産者および高級感であるのに対し、日本は、価格要因を一番重視しているという違いが浮かび上がった。フランスでは、有機食品に対する消費者の関心も日本より高く、何よりも食料や飲料に安全・安心を求めていることがわかる。２００７年夏に訪れたフランスの地方都市ジアンにある大手スーパーの Géant の店内には、フェアトレード商品が、有機食品（Bio）の棚と両隣で置かれており、これもフランスの消費者の嗜好に合わせた棚造りだと感心したことを思い出す。

フランスの地方都市ジアンにある大手スーパーの Géant

有機食品（Bio）と並ぶフェアトレード商品の棚

フランスでは、1998年にマックス・ハベラーのラベルがついたフェアトレード製品がスーパーマーケットで販売されるようになり、2005年には国内の1万以上のスーパーマーケットで販売され、年間売り上げも6900万ユーロ（約110億円）にのぼった。スーパーマーケットのほかにも世界ショップが国内に160軒以上展開され、オランダ同様ボランティアによって店の運営がされており、関わるボランティアの数は約5000人とされる。

フランス同様、他の欧州諸国における消費者のフェアトレードに対する認知度や浸透度も、年を追うごとに高まってきており、フェアトレード製品がより日常生活に密着したものとなってきている印象が深い。

ビジネスでのフェアトレードの進捗に影響されてか、フランス政府も従来の開発援助に加えて、フェアトレードに取り組むようになってきている。旧植民地が西アフリカ等に多くあるフランスでは、世界銀行や国際農業開発基金（IFAD）などの協力を得て、フランス政府の開発援助のスキームの下、アフリカ諸国で小規模生産者（手工芸等の加工業者、綿花やココア等の生産農家）がフェアトレードに取り組めるようなプロジェクトを実施してきている。これらの実施により、フランス市場において確立されているフェアトレード製品の流通ネットワークをさらに強化させ、市場における取引量を増やすことによって、アフリカ諸国の受益者を増やすことを目的としている。

また、フランス国内の公共機関では、通常のコーヒーに代えて、大統領官邸（エリゼー宮殿）や、上院・下院議会や外務省、多くの地方行政機関を中心にフェアトレードのコーヒーを使用するようになってきている。

日本の消費者

最近の日本全体の市場規模に関しては、２００５年に調査した日本貿易振興機構（ＪＥＴＲＯ）によれば、年間１４４億円（約１億ユーロ）とされ、かなりの規模ではあるが、それでも年間１人当たりの支払額は、１５０円（約１ユーロ）にも満たないのが現状である。欧米諸国と比較して、このように日本人１人当たりのフェアトレード商品の消費が少ない理由として、フェアトレード商品の国内流通網、スーパーや専門店での品目構成などとともに、消費者のフェアトレードに対する認知度の低さが指摘されている。２００５年から翌年にかけて実施されたアンケート調査によれば、フランスでは、74％がフェアトレードについて知っており、イギリスでは成人の5割がフェアトレード・ラベルを認知し

図表５－３　商品・サービスの需要性・成長性（日用食品・雑貨）より

商品・サービス	A）現在の利用率（%）	B）今後の利用意向率（%）	＊需要性（A＋B）	＊成長性（B／A）
フェアトレードで輸入された手工芸品	3.9（%）	34.5（%）	38.4	8.8
フェアトレードで輸入された食品・飲料類	7.7（%）	44.6（%）	52.3	5.8

出所：JETRO（2006）。

図表５－４　消費者調査による市場規模推計（日用食品・雑貨）

商品・サービス	現在の利用者率	現在の１人当たり平均支出額	現在の市場規模推計
フェアトレードの食品・飲料・手工芸品等	8.1%	1,766円	144.3億円

出所：図表５－３と同じ。

ている一方、日本ではフェアトレードという言葉を認知している（よく知っている、または聞いたことがある）と答えた人は、一般消費者で33％にとどまっている。

オランダの事例─ボランティアとしての参加

オランダは、チャリティー精神が日々の生活に密着しており、NPO（非営利組織）への関心もかなり高い。これはオランダの全雇用者数に占めるNPOセクターの比率が７％と他の先進国平均の２倍となっていることからも裏付けられよう。また、多くのボランティアがNPOセクターで働いており、これらのボランティア労働は、40万人相当の雇用（全支払い雇用の約7・5％）に換算される（長坂、2004）。NPOセクターの収入は、政府からの公的資金が最も多く、政府開発援助（ODA）の一部もNGO（NPO）に対する補助金として提供されている（長坂、2000）。

こうしたなか、オランダ市民はフェアトレードにも関心が高く、たとえばワールドショップ組合（Vereniging van Wereldwinkels：略称LVWW）はオランダ国内に388の店舗をもつNPOであるが、2005年末現在、約1万2500人がボランティアとして関わっている（FTAO、2005）。FTOと同じく、本部はクルンボルグ町にあり、セールスや商品開発、広告担当の専属有給職員を17名雇っているが、店の多くは地元ボランティアによって運営・経営されているのが特徴である。たとえばクルンボルグ町の場合、店舗は市役所から提供され、光熱費等も市役所が援助している。随時、店舗には1～3名のボランティアがおり、会計や販売等を担当している。ワールドショップ組合は、従来から手工芸品を多くそろえており、ボランティアは、それぞれの生産団体や背景について、本部から随時説明を受けている。ボランティアの多くは、開発援助に興味がある地元の主婦や途上国に旅行したことのある学生であり、日本でいえばスーパーマーケットでパートタイムをするような感覚で、店舗の手伝いをこなしている。

個人投資家としての参加

（1）個人投資家への働きかけ

社会貢献や地域活性化を目指し、日本国内でもさまざまな都市銀行や地方銀行が活動を展開しており、21世紀に入り企業の社会的責任（CSR）がより幅広く問われるようになってきている。すでに欧米諸国やアジアや中南米、アフリカなどの開発途上国においても、人々が少しずつ勇気を出し合って、新しい社会的価値観で投資を行い、人間として調和のとれた収益を得ながら、持続発展可能な社会を次の世代に引き継ぐ活動を行う銀行が多く存在している。このような銀行は社会銀行（Social Bank）とも呼ばれ、地方都市が発祥地の小規模の商業銀行であることが多い。

（2）オランダの事例

オランダでは、1960年代から持続発展可能な社会を次の世代に引き継ぐ活動を支援し、人間として調和のとれた収益を得ながら、投資・融資をする小規模の商業銀行が市民生活に根付いている。これは民間の「社会銀行」と呼べるものであろう。その先駆けとなったASN銀行は、オランダ西部・デンハーグに本部を置き1960年5月設立された。時代とともに変化してきた世界の潮流や社会的価値観を常に反映させながら、開発途上国援助、環境保全運動、有機農業、地球温暖化対策や、代替エネルギー対策等への融資を進んで行ってきている。たとえば、オランダの開発援助NGOの1つであるノビブ・オックスファムと連携し、ASN-ノビブ・ファンドを設立し、年間2・5%の金利で個人投資家を募り、開発途上国で有機農業やフェアトレード、住宅環境改善等に取り組む小規模生産団体を支援している。集まった預金を各方面に効率よく投資することにより、年によっては年間20%以上の利息を確保してきている。

また、トリオドス銀行は、ASN銀行と同じく、投資・融資をする小規模の商業銀行でオランダ中央部に位置する地方都市ザイストが発祥地で1980年に設立され昨年25周年を迎えた。支店が、イギリス・ブリストル、ベルギー・ブリュッセル、ドイツ・フランクフルト、そしてスペイン・マドリッドにある小規模ながらも国際的な銀行で、行員数は約200名、2004年度決算で投資ファンド額約1250億円、融資額約760億円となってお

図表5－5　トリオドス銀行の投資ファンドおよび融資（2001年から2004年まで）

	2001	2002	2003	2004
投資ファンド額（百万ユーロ）	667.18	729.10	838.01	896.92
口座数	57.957	65.720	70.883	79.468
融資金額（百万ユーロ）	328.96	386.59	466.98	547.78
融資先	2.457	2.704	2.918	3.255

出所：トリオドス銀行ホームページ（www.triodos.com/com/about_triodos/key_figures/?lang=en）。

り、これまで過去5年間に年間扱い額が10%以上の伸びを見せてきている（図表5―5）。また、2001年には約5万口だった投資ファンドの口座数も年々伸びており、2004年末には約8万口に達している。

トリオドス銀行もASN銀行同様、一般向けに多彩な投資ファンドを用意しており、そのなかの1つにトリオドス・フェア・シェア・ファンドがある。2005年には前年に比較して約2倍増の約22億円（1570万ユーロ）がファンドとして集められ、中南米やアジアを中心にフェアトレード事業に関わる地元の小規模生産者や都市部および農村部の小規模金融会社に融資されている。これらのファンドはオランダ国内でも税金対策の面で優遇されており、年間利息の2・5%前後が免税措置となるため、個人投資家にとっても魅力的である。

第6章　メインストリーム化に向けて

オランダのメインストリーム化（ファッション業界）

フェアトレードは、その始まりが第2次世界大戦後の「オルタナティブ・トレード」だったことからもわかるように、どちらかというと少数派で先進的な市民が関わってきた経緯があるが、１９８０年代に始まったラベル運動の展開のように「メインストリーム化（主流）」への工夫がなされてきている。ラベル運動に続くメインストリーム化の流れとして、２０００年に始まったファッション界への進出が特にオランダでめざましいのでここで紹介したい。

フェアトレード運動といえば、これまでは開発援助等に理解を示す一部の市民によってのみ支えられているように捉えられがちだが、潜在層の掘り起こしと新しい顧客（特に20～30歳代の若者）獲得を目指し、フェアトレードのさらなるメインストリーム化として、ファッション業界への進出が１９９０年代後半から構想として練られていた。

クイチ（Kuyichi）は、まさにその落とし子であり、ソリダリダドを中心に、南米ペルーで有機のコットン栽培に携わる農民が主体の組合であるOro Blanco（白い金）がジーンズ等の原材料を提供し、ブラジルの衣料メーカー コッパー・ジーンズ等での縫製・裁断、オランダ民間社会銀行のトリオドス銀行（前述）の資金援助やスティムランス組合等による協力を得て、２０００年に設立された（Roozen & van der Hoff, 2001）。

設立と前後して、クイチは、ファッションショーやオランダ国内のメディアによるキャンペーンを繰り広げ、このブランドのジーンズやTシャツ、ジャケット等の販売交渉を、ワールドショップ組合（ＬＶＷＷ）のようなフェアトレード・ショップではなく、既存の若者向け店舗やオランダ大手百貨店（Bijenkorf）にて進めた。5年経った２００５年には、オランダの主要都市で２００店舗以上、イギリスやイタリアなどヨーロッパ諸国を含めると世界中14カ国の約６５０店舗にてクイチブランドが売られるようになっていた。これまでに売り上げの15％が、クイチブランドの生産に関わる開発途上国の農民や生産者に還元されており、通常より10～15％増しの賃金が縫製工場等で支払われるなど、フェアトレードの方針に沿ったファッション業界への進出が成功している例といえよう。今後は、インドやトルコ、チュニジアの関連団体がＳＡ８０００（Social Accountability：社会的責任）の認証取得を目指している一方、オランダで新しく設立された会社メイド・バイを通じて、ネット上の商品販売やE‐Bayでのオークションにも随時参加して販路の拡大を目指している。

幻のファッション業界進出

2007年9月に65歳で亡くなったザ・ボディショップの創業者であるアニータ・ロディックさんの本を初めて読んだのは、オランダで子育てをしていた2000年の頃である。そのときは、フェアトレードについての認識もほとんどなく、ザ・ボディショップが支援していた「コミュニティートレード」運動に強く共鳴したのを覚えている。発展途上国の地域に根付いた製品を、貧困撲滅や環境を意識する消費者が購入できるように、オランダの店頭やマスコミでキャンペーンが展開されていた。華やかな店頭では、ハーブや木の実を原料にした天然化粧品が並べられ、店内にふらっと入った人でもサンプルを手にして、匂いや肌触りを楽しめるようになっており、店内には、カカオバターを生産するガーナの農民女性の写真や、動物実験反対のポスター等が貼られていた。

ザ・ボディショップが、実は生産者の自立を促しながら公正価格で原材料を調達する「フェアトレード」を経営指針に付け加え、国際フェアトレード連盟（IFAT）のメンバーになっていたことを知ったのはつい最近である。

そのアニータさんにフェアトレードのファッション製品を提案したのが、オランダ・ソリダリダド代表のニコ・ローゼン氏である。彼が回想している記事が、２００７年９月14日のオランダの新聞（de Volkskrant）に載り、幻の企画となったことについて語っている。実は、アニータさんが化粧品を途上国の生産者から買い上げ、イギリス等で販売していたことに、彼も刺激され、１９８８年にオランダでマックス・ハベラー財団を始めたという。１９９１年にイギリスでマックス・ハベラーの認証マークがついた製品が発売されることになったときは、大変感動したことを今でも思い出すという。その後、有機綿花を使用した公正な衣料品を製作しようと思い、ディーゼル（Diesel）のようなファッション性があり付加価値の高い製品をフェアトレードの製品として売り出そうという計画を立て、必要な２５０万ユーロの資金調達を兼ねて、彼女に相談した。ちょうど、ナオミ・クラインの『ノーロゴ（No Logo）（ブランドなんかいらない）』が出版された頃（２０００年）で、ニコ氏がアニータさんとそのプロジェクト戦略を話していたら、「No Logo（ロゴなんかいらない）」と叫んだので、彼はすかさず「Logo, Branding of Justice（ロゴは、公正のブランド化だ）」と言い返したことを思い出したという。結局、お互いの方針等の違いから、ニコ氏はアニータさんからの支援を受けるのを諦めたという。

ザ・ボディショップが1980年代からブランドとして成功した要因の1つとして、取り上げた商品が化粧品だったことがあげられる。化粧品に使われる原材料を生産する途上国の人々と、使用する先進国の人々とのコンタクトがかなり直接的で距離感が少なく感じられる（たとえば、カカオバターとかを直接肌に塗る）こと、消費者のほとんどが女性で、少々高い製品でも納得のいく化粧品であれば購入するため、利幅が高いこと等があげられる。衣料品の場合、生産されるまでの過程が複雑で、業界内での競争等が激しいことから、高い利幅はなかなか期待できないという難点がある。

ニコ氏がアニータさんを回想するなかで、「彼女はザ・ボディショップの経営自体が彼女の事業の目標でなかった。むしろ、さまざまな商品の背景について消費者に啓蒙普及するための手段として、ザ・ボディショップの店を利用しているといつも言っていた」。ザ・ボディショップは、1998年にIFATからフェアトレード組織（FTO）として認証され、英国を中心に世界中でフェアトレード運動を促進してきた。しかし、2006年にフランス化粧品メーカー大手のロレアールに652百万ポンド（およそ1200億円：当時）で買収された。彼女は、ザ・ボディショップの経営権を2002年に手放し、非常勤役員に退いた後も、大株主として同社にいろんなアイデアを提言し、亡くなるまで人権擁護や拷問反対キャンペーンや、貧困撲滅運動に取り組む「社会活動家」として、イギリス国内外で多彩な話題を振りまいてきた。彼女は、フェアトレードを前面に出して取り組んできたわけではない。しかし、環境保護や人権擁護といった今日のフェアトレード運動に共通する理念を、商業一辺倒だった化粧品業界に取り入れた功績は大きい。願わくは、彼女が存命のときに、ファッション業界でもフェアトレードの先駆者となって欲しかったものである。

日本での展開

欧米諸国でのメインストリーム化とは少し違ったフェアトレードの展開が、日本ではみられる。フェアトレード製品を国内で入手しようと思った場合、店舗のみならず、近年盛況なインターネット上で製品を扱うネットショップ、そして日本で浸透しつつあるカタログによる通信販売、といった少なくとも3つのやり方がある。

（1）従来の製品販売—店舗にて

ＩＦＡＴメンバーであるネパリバザーロやフェアトレードカンパニーは、独自の店舗を構えており、そこでは手工芸品からコーヒー、チョコレートといった食品、手編みのセーターやオーガニックコットンで作られた衣類などを購入することができる。オルター・トレード・ジャパン（ＡＴＪ）のフェアトレード製品は、国内の生活協同組合（ＣＯＯＰ）で取り扱われており、バナナや冷凍エビ、コーヒーや紅茶といった食品が陳列されている。また、大学のサークル活動やフェアトレード研究会の尽力により、国内の大学生協でも自然食品や雑貨を扱うところが増えてきている。

（２）カタログによる通信販売

都心部に多いフェアトレードの店舗において、直接フェアトレード製品を手に取ることのできない人々にとって有難いのが、通信販売のカタログであろう。内容や目的はそれぞれ相違点があるものの、フェアトレードカンパニーをはじめ、前述のネパリ・バザーロやシャプラニールでは、独自のカタログを製作してきている。

たとえば、フェアトレードカンパニーでは、「ピープル・ツリー」という通信販売カタログを年３回発行し（春、秋および夏の増刊号）、現在、全国１５００店の書店やフェアトレード取扱店において販売されている。当初は無料で配布していたカタログだが、カタログ専門のスタッフを配置し、衣料品から自然食品、アクセサリー、雑貨まで1000点以上の商品をそろえた内容となっている。また、ネパリ・バザーロの通信カタログ「ベルダ」は、ネパールを中心としたアジア諸国の手工芸品や食品といった商品とフェアトレードの情報を満載しており、現在年4回発行され全国1646書店で購入が可能である。また、全国には550店のフェアトレードショップがあり、カタログの商品を取り扱っている。

（3）ネットショップ

世の中のデジタル化が進むなか、フェアトレード製品をインターネット上で扱うネットショップが急増している。店舗やカタログと違って、初期投資が少なく24時間営業ができるネットショップは魅力的である。代表的なものとして、南アジアで活動を続けてきているNGOのシャプラニールが楽天に開設している「クラフトリンク南風」や、フェアトレードカンパニーの「ピープル・ツリー」、2006年に開設された「福市」などがあり、その他こじんまりしたネットショップも数多くある。

以上、日本でのフェアトレード商品の入手方法について簡単に述べてみた。日本での

ピープル・ツリー自由が丘店（東京都目黒区）

フェアトレードのメインストリーム化を考える上で、日本のファッション業界に進出しているその代表例として、フェアトレードカンパニーを次に紹介してみたい。

東京都目黒区のピープル・ツリー自由が丘店と、渋谷区の表参道店の2つの直営店には、有機農業で作られた綿の衣料品やバッグ、ジュートの手提げかばんや、冬物のセーターなどが魅力的に飾られている。表参道店は、著名なモデルがお忍びで訪ねてくることもあるという。チャリティーとかボランティアといったフェアトレードの従来のイメージとは遠くかけ離れている。

経営するのは、IFAT認証団体で、イギリスでも事業を展開中のフェアトレードカンパニー株式会社。グローバル・ヴィレッジというNGOを母体に1995年に設立され、通信販売もしており、カタログ誌を年に3回、各5万部出す。今風のデザインのシャツやアクセサリーなど、開発途上国の製品にしては実に洗練されてファッショナブルだ。若い女性に人気がある。社員は今や50人で8割が女性だ。商品開発も独自に実施しており、定期的に生産者の代表者らを日本に招いて、日本の市場や売り場、好みを知ってもらうなどの地道な努力を積み重ねてきている。日本の消費者は、欧米諸国の消費者と比較すると、目の肥えた消費者が多く、フェアトレード製品に対する高い要望と、生産者の希望(大きいオーダーが欲しい)が合わないこともあるという。また、ファッションのサイクルは短く、大手流通に製品を扱ってもらおうとすると短期間で納品を求められるので苦労するという。イギリスの場合、フェアトレードに理解があり早めのオーダーや前払いに協力してくれる団体もあるが、日本ではまだバイヤーの理解がすすんでいないようである。

最後に、社長のサフィアさんが、「メインストリーム化を考える際に、日本は、先進国で唯一キリスト・アングロサクソンモデル型でない国であるということを念頭に置くことも大切であろう」と語ってくれたのが印象に残っている。

図表６－１　フェアトレードにおける第三者認証の構造

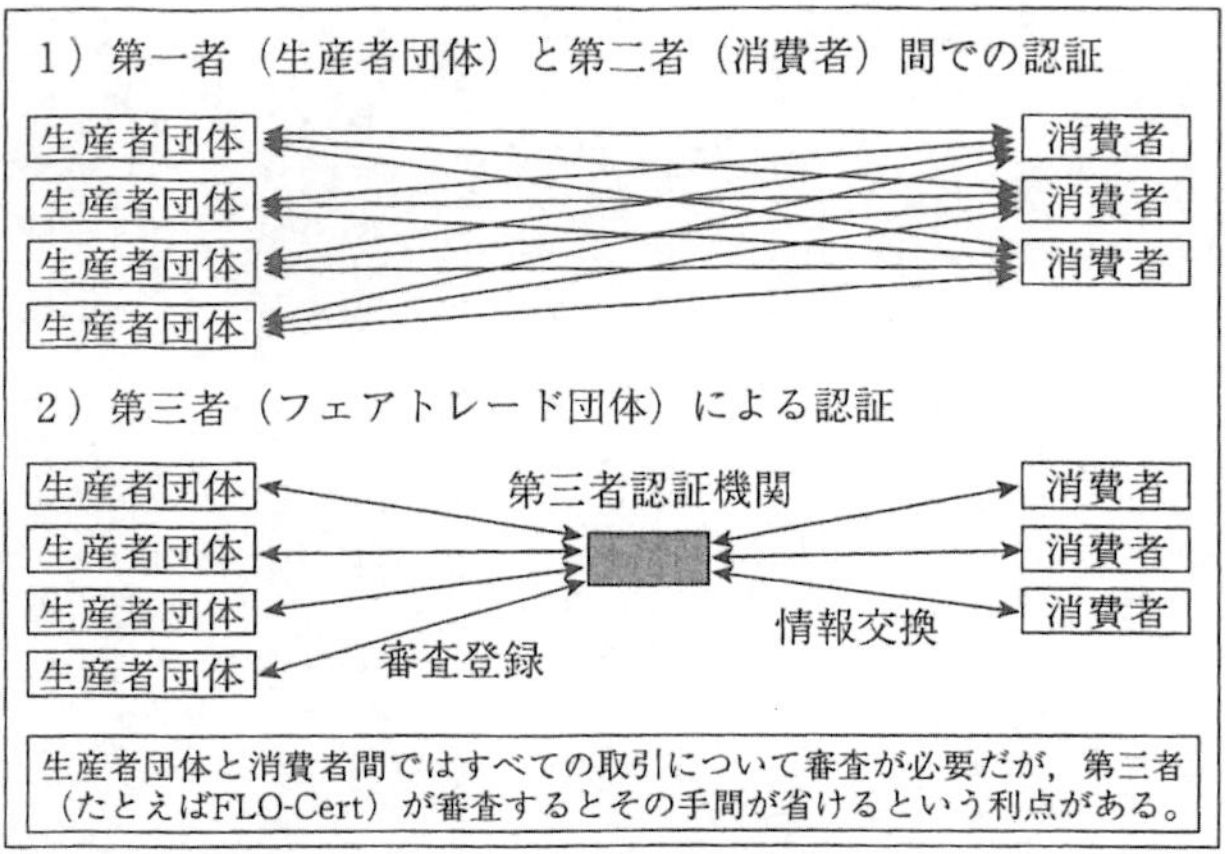

参考：山田（2006），154ページ。

ラベル認証について

FLO-Certがフェアトレード運動のなかで最も注目される認証組織となっている大きな理由として、FLO-CertがNPOではなく民間団体で、第三者認証という枠組みに基づいていることがあげられる。これは、コーヒーや手工芸品といったフェアトレード製品を生産する団体と、これらを購入する消費者（輸入業者も含む）以外の第三者が、生産者のフェアトレード基準を審査し、団体組織と消費者の取引などに役立てるというものである。何だか複雑な仕組みのようにとられかねないが、日常でもこのような第三者による認証はよく用いられている。たとえば、近所の家電販売店やスーパー等で見かけることのある、日本の工業標準化の促進を目的とした国家規格のＪＩＳマーク（日本工業規格）や有機農産物の検査認証制度による有機ＪＡＳマークなどがその一例である。日本国内では最近になって、認証されている製品の偽証が明るみになるなど、認証に関してはその信頼度が揺れ動いているようにも見える。しかし、フェアトレード商品のように、経済活動が国内交易に依存せずに、製品が国境を越える交易の対象となっている場合には、製品の品質、性能、安全性などに関する国際的な取り決めが欠かせなくなり、国際標準の認証制度が国境を超える交易の対象となって登場したともいえるだろう。

フェアトレードのような国際市場においても円滑に経済取引を行っていくには、相互理解、互換性の確保、消費者利益の確保などを図ることが重要であり、いずれが保証されなくても取引上大きな障害となることは明らかである。また、フェアトレード製品の国際的普及のためにも、審査内容が国際的に理解できる形で共有されていることが重要であることから、認証制度の取り組みは重要である。

第３章でも述べたように、フェアトレードに関わる主要団体であるＦＬＯとＩＦＡＴの比較をした場合、ＦＬＯは商品をベースにフェアトレードを認証するのに対し、ＩＦＡＴ

は組織を対象にフェアトレードを認証する違いがある。

資金調達に関して（前払い等）

フェアトレードをビジネスとして進める上で欠かせないのが資金調達である。たとえば、ＦＬＯ基準の下では、「最低価格保障（生産費と一定の生活費の保証）」のほかに、フェアトレード・プレミアム支払いがある。消費者から売り上げを回収する前に、生産者団体にプレミアムとして売り上げ見込み額の何割かを支払うという、通常のビジネスでは特殊な事業特性をフェアトレードのビジネスは抱えている。ＦＬＯ基準以外でも、ＩＦＡＴ提携型のフェアトレードカンパニー㈱（グローバル・ヴィレッジ）や、独自基準型のＡＴＪでも、プレミアム支払いに対する資金繰りで苦労してきている。

欧米諸国では、１９９０年代後半からこうした資金繰りの困難さを補完することも含めて、トリオドス銀行やＡＳＮ銀行、シェアード・インテレストといった社会銀行がフェアトレード事業に有利な条件で融資するようになり、「良心的な」市民がこれらの銀行に投資・出資するという構造が存在する。日本でもＡｂバンクとか、㈱グッドバンカーといった社会銀行が最近設立されてきたが、資産規模は大きくても数億円にとどまっている。

フェアトレードの推進に向けて

フェアトレードの「ラベル認証」を単なるマーケティング・ツールと見る向きもあり、日本では従来からフェアトレードに携わっていたいわゆる「提携型」(つまり生産者との密接な関係を通じたフェアトレード)団体の方が、固定客をうまくつかまえて地道に売り上げを伸ばしてきている。つまり、欧米諸国と異なり、日本のフェアトレード業者がそれぞれ生産者の状況を評価・判断してフェアトレード商品を企画や生産、輸入等をし、独自に販売していく方式が多くみられる。一方で、商品にフェアトレード商品の認証ラベルを添付しイオンなどのスーパーの店頭で消費者にフェアトレード商品と認識させて購入させる方法も近年浸透しつつある。

ただし、消費者からみると、「オーガニック」など、製品の品質に反映される「環境」とは異なり、「途上国の人の公正な労働」という価値は、製造プロセスの問題であり、製品自体には反映されない。それを付加価値として消費者に認知させるためには、「環境」を認知させた時以上の工夫と努力が生産者・販売者・消費者それぞれに求められる。生産者には、一般の市場で競争力をもつ品質の確保が求められるし、販売者には、フェアトレードの価値を認知させるための情報発信と、「フェアトレード」をブランド価値とする

Box 4　ベトナムのとあるコーヒー生産者団体の小話

ベトナム山間部を拠点にするコーヒー生産者団体は，某フェアトレード認証機関を通じて，コーヒーの認証ラベル申請を進めていた。ある日，事務所に某フェアトレード認証機関から英文のレターが届き，彼らはコーヒーの認証ラベルが承認されたと思い，そのレターを事務所の壁に堂々と貼った。しばらくして，とある外国人がその事務所を訪ね，ふとレターを目にした。「これは何だね？」と彼が尋ねると，事務所で働いていた職員が「これはFLOから頂いた認証ラベルの承認書類だよ」と誇らしげに答えた。その外国人がよく読んでみると，その内容は，次のようなものだったそうです。「あなたたちの申請書類を無事受け取りました。しかしながら，次の点について改善してもらいたいのでこの手紙を送ることにしました。」

【教訓】フェアトレードの認証ラベル申請に関する書類手続きは，欧米人でもかなり厄介で細かい作業を要するものです。開発途上国の生産者団体が，きちんと理解して申請手続きをできるのかどうか，疑問が残ります。

商品開発やマーケティング努力が求められる。そして消費者には、「値段が安いほうが善」という価値感から脱却する努力、自分の消費行動が社会にどのような波及効果をもつのか認識し、責任のある消費行動をとるための勉強が必要である。

欧米諸国では、フェアトレード運動が一般市民の多くに認知されており、オランダもフェアトレード「先進国」といえよう。日本でもスターバックスやイオンがフェアトレード・コーヒーを扱い始め、各地のNPO等でフェアトレードの手工芸品が販売されている。今後は、日本での市民活動の一環として、フェアトレードにどう取り組むかという点も注目されてこよう。

メインストリーム化への工夫―メインストリームとオルタナティブ

この章では、ファッション業界の展開や、ラベル認証および資金調達といった、フェアトレードのメインストリーム化に欠かせない条件について取り上げてみた。今後のフェアトレードの展開を考える上で参考になるのが、IT産業で多用されているメインストリーム（主流）とオルタナティブ（代替）という覚え書きであろう（星、2007）。この覚え書きを参考にフェアトレードにおけるメインストリーム化について考察することとしたい。フェアトレードを考える上でのメインストリーム化とは、多数派が主流な手段を指す。たとえば、FLOのラベル認証等がそれにあたる。メインストリーム化であるためには、現代的で手段としての合理性があり、賛同者の層が十分に厚いことが必要であろう。消費者の視点で考えると、多数派の手段の場合、関連情報も多く、消費者人口も多い。ただし、フェアトレードの基準を順守しないフェアトレード生産者や輸入業者の比率が高い可能性もある。「メインストリームだから安心」という思考パターンは、意外と危ないかもしれない。

そして生産者の視点で考えると、消費者が入手する情報（たとえば、マスメディアによる広告や街頭等でのキャンペーンなど）が多く消費者人口も多い（＝メインストリーム）ということは、裏返せば競争も激しくなるということである。今、コーヒーの認証ラベルは多様化しており、地域的にも従来多数派だった中南米産から、アジア・アフリカ産も遅まきながら市場に出回るようになってきている。フェアトレード商品のなかで、メインストリームの手段だけを使って高い利益率を維持し続けることはどんどん難しくなっていくことは、自明であろう。

一方、オルタナティブとは、少数派が使う手段を指し、特に先進的な取り組みについてこの言葉を使うことも考慮している。ファッション業界への進出といった、その当時はリスクの伴うオルタナティブな手段同士の競争から、実は次のメインストリームが生まれることがある。その意味で、フェアトレードにおいて、オルタナティブな手段には注意を払う価値がある。

フェアトレードの商品を開発する立場でオルタナティブをみてみると、フェアトレード事業に自信がある小規模な会社では、メインストリームな手段より独自性が高く、より大きな付加価値を期待できるオルタナティブを採用した方が、競争力を高められるはずである。特定のニーズのある分野でオルタナティブ技術に通暁することは、「専門家」として競争力を高めることにつながる。「グレート・ニッチ」を狙う戦略である。たとえば、日本国内でのクリスマスやバレンタイン時期におけるチョコレート製品の開発と販売などが考えられる。一方で、消費者の視線で考えてみると、オルタナティブな手段でフェアトレード事業を展開している会社は、少数派の強みをあえて選択することで、価格、納期、機能など何らかの点で優位性のあるフェアトレード商品を開発・販売できる可能性が高い。もう1つのオルタナティブが「レガシー（伝統技術）」ともいえる。かつてはメインストリームだった手段で、需要が減少傾向にあるものを指す。フェアトレードの場合、フェアトレード運動の創成期に盛んであった手工芸品がこれにあたる。レガシーにこだわることは、「弊害」とみなされる場合が多い。その理由として、斬新なアイディアやイノベーションから遠ざかってしまうからである。レガシーなフェアトレード製品を納入し続けることは、フェアトレード輸入業者や販売店のコスト高につながる。ただし、レガシーであることそれ自体は、優劣や勝ち負けとは関係がなく、その技術的合理性、先進性、標準との合致、普及率などが評価尺度となる。

以上から、レガシー、メインストリーム、オルタナティブという概念は、それぞれのバランスこそが重要であるとしている。ここで注意しておきたいことは、「主流」と「代替」は両方とも必要であり、オルタナティブは決して「傍流」や「負け組」という意味ではない。何より、オルタナティブのなかから次のメインストリームが出てきて、フェアトレードのメインストリーム化につながるという点を見落としてはならない。今後のフェアトレード展開を見通すためには、オルタナティブにこそ注目する必要がある。

第7章　これまでの開発援助の方法との比較

貿易問題

消費地（先進国）の求めに応じて生産地（開発途上国）が商品作物を適地でモノカルチャー生産し、人（奴隷）の生存よりも経済原理が優先された。奴隷を養うよりも時間労働の方が経済性が高いとわかった18世紀中頃からは、奴隷を解放（解雇）して賃金労働に切り替え、経済格差からその賃金に吸い寄せられた移民（国内移住・国際移民）を雇用し、生産が続けられている。コーヒーやココアといった換金作物は、先進国の生活の中流化によって特に戦後に価格が上昇してアフリカやアジアにおける植民地の独立を促したが、その後、無計画な生産量の増大が値崩れを引き起こし、国際相場が価格決定の主導権を握るようになって、生産農家の収入が不安定化してしまった経緯がある。

フェアトレードは、国際相場・国際市場を経由しない先進国と開発途上国との間の農産物取引でもある。フェアトレードの流通業者は新規である場合が多く、流通コストが高く、残念ながら末端小売価格の相場に対する上乗せ分のすべてが生産者に還元されているわけではない。ただし、フェアトレードの浸透は、消費者が高い農産物を許容することになり、先進国の高額な地産地消農産物の消費拡大を促すとみられている。

日本における開発援助―ODA

日本のODA（政府開発援助）は、1954年にコロンボ・プランに参加したことによって開始された。これは、東南アジアや南アジア諸国の経済社会開発を目的として、第2次世界大戦終了5年後の、1950年に発足した地域協力機構で、スリランカの首都コロンボに本部を置いた。それ以来、日本のODAは、開発途上国支援における重要な位置を担ってきた。しかし、その意味や、使い道は、多くの変化を遂げてきている。

開始当初、日本のODAは、戦後賠償の一環でもあり、国際社会における日本の地位を回復させるための手段であったり、輸出市場拡大のための手段であったりした。しかし、1960年代に入ると、高度経済成長によって、財政に余裕が生まれ、ODAの日本の市場拡大のための援助という意味が薄れて、それまで年間数億ドル前後だった援助額が10億ド

図表７－１　主要援助国の ODA 実績の推移

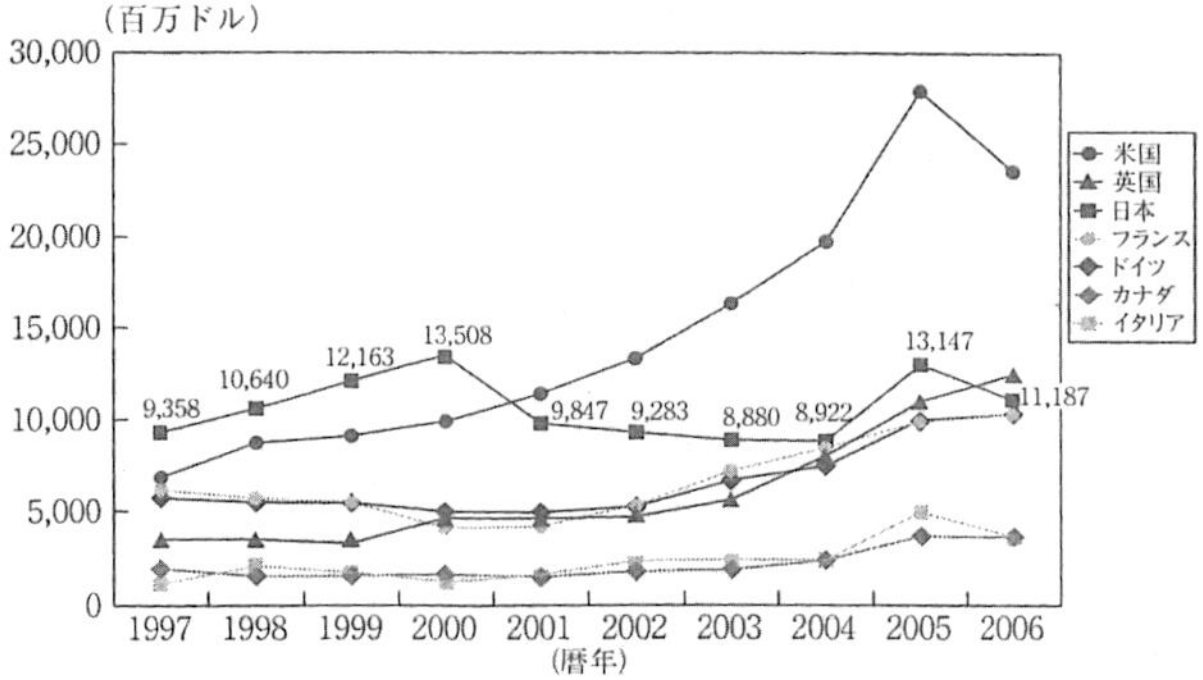

（注）東欧および卒業国向け実績を除く。
出典：OECD・DAC.
出所：財務省ホームページ（http://www.mof.go.jp/jouhou/kokkin/frame.html）。

ル前後まで増加した援助伸張期に入る。また、１９６５年には青年海外協力隊が創設され、援助に初めて国民参加の視点が盛り込まれた。１９７０年代後半から80年代後半までは、いわゆる計画的拡充期で、ＯＤＡ資金の拡大や、理念の体系化（人道的支援・途上国、資源国との相互依存関係の構築）とともに、ＯＤＡ供与国としての世界での地位を確立していった。また、１９８０年代後半から、草の根レベルでの援助を促進する動きが始まり、１９８９年にＮＧＯ事業補助金制度が開始された。

１９９１年には、ＯＤＡ供与額が１００億ドルを突破し、世界で第１位となり、日本がトップドナーとしての地位を2000年まで保つこととなるが、2001年にODA供与額が米国に抜かれ世界第2位となり、量的充実から質的充実への転換が必要となった。最近では、国際貢献をODA総額の大きさだけで判断する傾向は弱まっており、開発途上国からの労働者の受け入れ、貿易・投資の促進、環境対策、技術開発等の包括的な対外経済協力に取り組んでいくことが期待されている。

〈日本のODA実績（ネット）の推移〉

① 1954年から1963年＝戦後賠償期（年間数億ドル前後）
② 1964年から1976年＝援助伸張期（年間10億ドル前後まで伸張）
③ 1977年から1988年＝計画的拡充期（第1次中期目標から第3次中期目標まで）
④ 1989年から2000年＝トップドナー期（1995年には145億ドルの実績）
⑤ 2001年から現在＝援助疲れ期（2001年から総額が減少している（白井、2005））

一方で、日本のODAに対する批判も多い。経済力に見合ったコスト負担（対GNP比）が他の先進国と比較すると低い（OECD開発援助委員会（DAC）諸国の掲げる目標値である0・7%に対して、日本は1970年以降0・3〜0・4%の水準で推移）とか、自国の利益優先（たとえばタイド円借款）、経済協力の機構とメカニズムが複雑（ODAを取り扱う省庁が、欧米諸国のように開発援助省・庁などに統一されていない）といった批判が国内外であるのも事実である。

しかし、日本のODAにおける重点目標のなかで、インフラ整備に重点を置きつつも、それまで以上に貧困削減・ジェンダー問題・平和構築・人材育成などの人間開発分野を重視していく姿勢がうかがえる。また、現地住民の参加を促しながら、援助をすすめることも重要であるとされ、そのために、ローカルNGOなどとの連携を図ることも推進されている。日本政府の姿勢が、よりソフトの面の支援に重点をシフトさせ、民間参加型の持続的発展を目指していることがわかる。これらは、フェアトレードによってもたらされる効果と同じであるといえよう。次にフェアトレードの今後の展開に関し、ODAによって期待される効果と制約について、現在進行中の国際協力機構（JICA）案件から、アフリカ・エチオピアと、南米・アルゼンチンの事例を取り上げることとする。

図表７－２　プロジェクトの活動地域

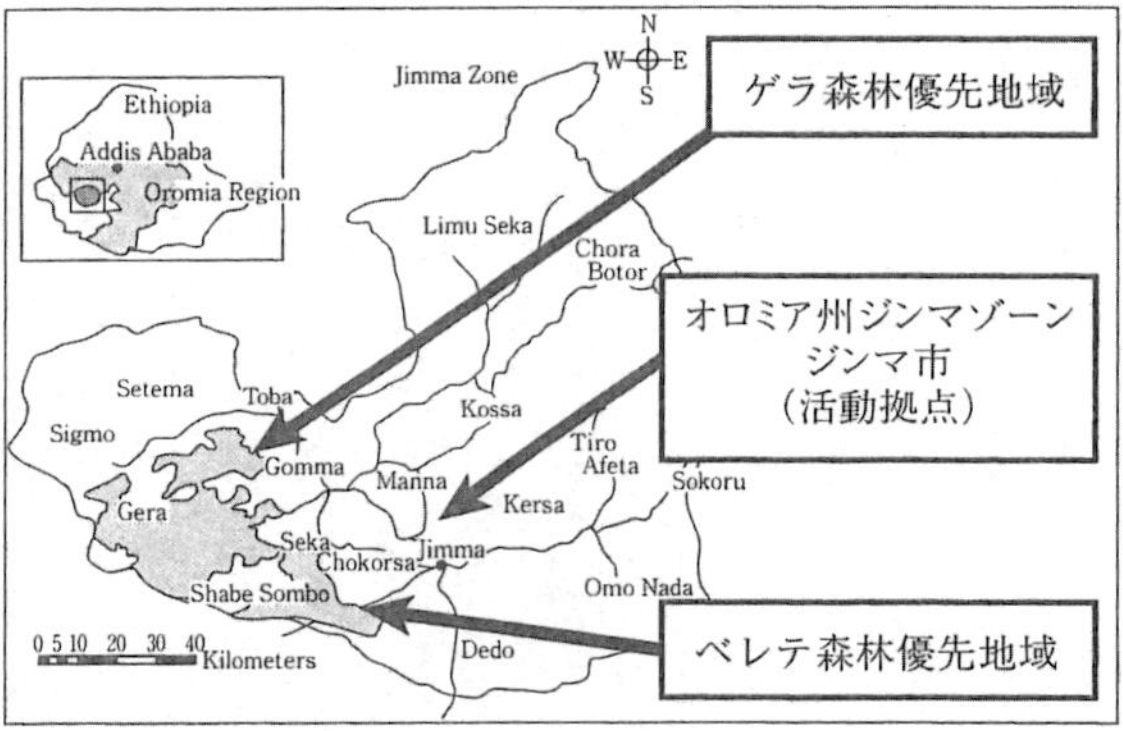

出所：JICA「エチオピア　ベレテ・ゲラ参加型森林管理計画」。

日本のＯＤＡによるフェアトレード関連事業その１：「エチオピア ベレテ・ゲラ参加型森林管理計画」

まず、エチオピアの事例は、「エチオピア ベレテ・ゲラ参加型森林管理計画」で、いわゆるＪＩＣＡ直営型の技術協力プロジェクトである。日本人専門家が長期間（１年以上）現地に赴任し、相手国の関係機関の中堅技術者や村落普及員らとともに、３〜５年間のプロジェクト期間を通じて、現地の人々の生活改善を目指す住民主導の森林管理・生計向上プロジェクトとなっている。このプロジェクトは、エチオピア国内でも市場アクセスが難しい地域の貧困層を直接支援するタイプの事例で、その活動の一部として森林コーヒーの認証に取り組んできている。現在第2フェーズ目に入り、２００７年は41の森林管理組合、64の農民実地学校（Farmer Field School、ＦＦＳ）そして3村のコーヒー認証という成果を上げてきている。

プロジェクトの背景

ベレテ・ゲラに暮らす多くの住民が、農業を主な生計としており、たとえばベレテ森林のメティ集落の場合、雨期が始まる2月頃に農地にメイズ（トウモロコシ）を植え、5〜6カ月で収穫する。その後、同じ農地で引き続き、テフ（主にエチオピア北中部で主食とされているインジェラの原料）を6〜7月頃に植え、約3カ月で収穫し、乾期に入る10〜1月頃は、森のなかでのコーヒー収穫作業に追われる。このような農業を中心として動く住民の生活全体を見据えつつ、森林の保全管理に結びつくような農業・土地利用の方法を促進していくことが重要となっている。

プロジェクトの枠組み

ベレテ・ゲラの森林に居住し、利用する人々の生活全体を改善し、そのなかで効果的にワブブ参加型森林管理（WaBuB PFM）を実施・普及するための仕組みとして、図表7―3

図表7－3　プロジェクトにおける3つの主な活動

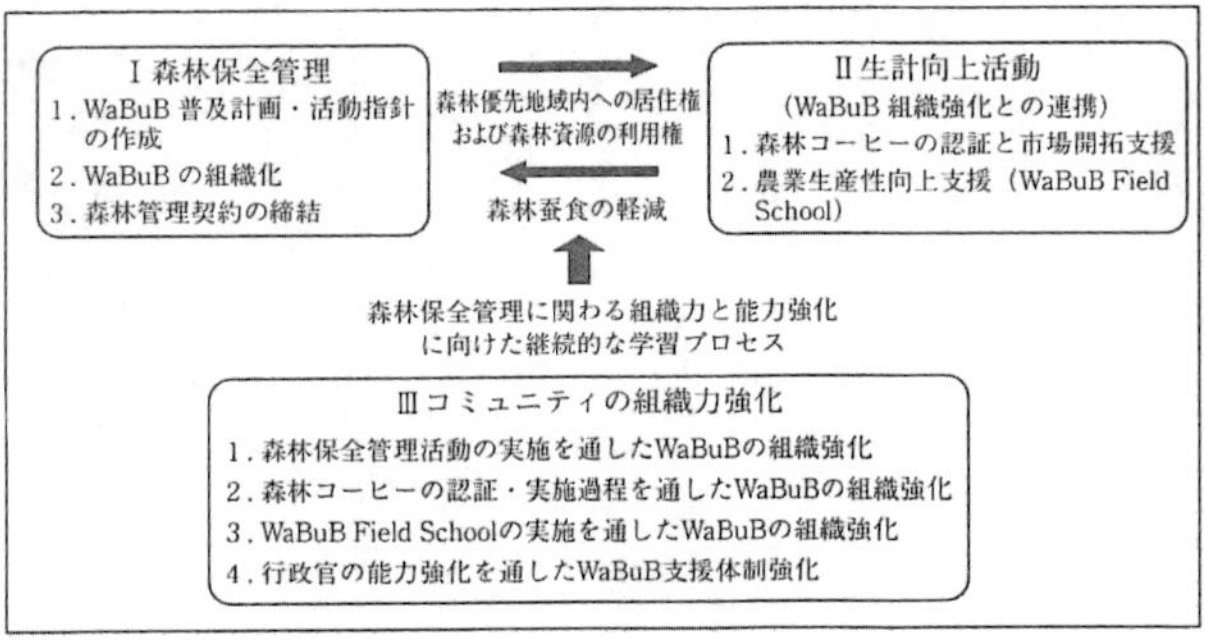

出所：プロジェクト広報資料。

のような3つの主活動をプロジェクトとして取り組んでいる。ちなみにWaBuBは、現地オロモ語で（地域住民により組織される）森林管理組合の略称、ＰＦＭ（Participatory Forest Management）は参加型森林管理の略称。よって、WaBuB PFMは、本プロジェクトが確立・普及を目指すワブブによる参加型森林管理方法を意味する。

1つ目の活動は、各集落単位でワブブを結成し、森林管理契約を締結・実施していく「森林保全活動」。このワブブを母体とし、2つ目の「生計向上活動」を行ってきている。森林コーヒーが多く生えている集落においては、国際的な農林産物の認証機関であるレインフォレスト・アライアンス（以下ＲＡと略す）による認証を取得することで、住民が適切に森を管理しながらコーヒーを生産し、収入を増加できるような仕組みをつくっていく構想となっている。また、森にコーヒーがあまりなく農業に依存している集落においては、国連食糧農業機関（FAO）が開発した農民実地学校という農業普及手法を改良し、アグロフォレストリー（農業と林業を有機的に組み合わせ、土地を複合的に利用する農法）技術の普及や生産性向上技術、商品作物の紹介等により、既存の農地からの収入、生産を向上させることを目的にワブブ実地学校（WaBuB Field School、WFS）として実施してきている。

3つ目として、これら一連の森林管理や生計向上活動を通し、各ワブブの森林保全に関わる組織力と能力の強化を図る活動で、プロジェクト終了後もワブブが地域のリソース（組織や人材）から適切な支援を得られるよう、郡の森林官や普及員達の能力強化や体制作りも行っている。

プロジェクトでは「森林管理と生計向上」の両立を目指して、森林コーヒーの認証とマーケティング・サポートを行う活動をすすめてきて、2007年8～9月にかけて、認証審査に向けたトレーニングの実施や、メンバーの登録とコーヒー森の踏査、収穫量の見積もりといった、認証に向けた準備を行ってきた。

認証審査を受けるまでの流れ

ワブブのメンバーが生産する森林コーヒーが認証を得るためには、次に示すようなさまざまな準備を行い、ＲＡの認証審査官による審査を受けなければならない。認証審査を得るための活動を始めるには、ベレテ・ゲラ森林優先地域内の対象集落でワブブを組織化し、森林管理仮契約を締結することが前提条件となっているからである。その後、組織化されたワブブ執行委員会の傘下に、「ワブブ森林コーヒー認証実行委員会」を設立し、同委員会が認証審査に向けたさまざまな準備を行うこととなった。その主な活動の流れは、

① ワブブメンバーのなかから森林コーヒー認証活動に参加を希望する住民の登録（所有する森林コーヒーエリアの面積や収穫量、化学肥料の使用有無といった生産方法の明記）
② 委員会による登録をした農民の森林コーヒーエリアの踏査
③ 本年度のコーヒー生産量の見積もり
④ ①～③の結果をとりまとめ、認証審査に向けた必要書類の準備
⑤ ＲＡによる認証審査の実施

と、かなりの準備を必要とした。この流れに沿って、村落開発普及員やプロジェクトが適宜サポートしながら、基本的にはワブブコーヒー認証実行委員会のメンバーが中心となって、登録や森林踏査を実施し、2007年11月に晴れて、RAから「森林コーヒー」の認証を受けた。

コーヒー輸出業者との契約

RAから認証を得た森林コーヒーでも「売り先」が確保されなければ、プレミアム価格を得ることもできず、これまでどおり、地元の市場で売却するしかない。そこでプロジェクトでは、首都アディス・アベバのコーヒー輸出業者とワブブとの間での、認証を受けた森林コーヒーの売買に関する、ビジネス・パートナーシップの構築に向けたサポートも行っている。ワブブメンバーには、認証を受けた森林コーヒーを直接輸出業者に売却することにより、市場価格に対して15~25%のプレミアム価格が支払われることになり、また輸出業者も、近年、欧米やヨーロッパで需要が高まるRA認証コーヒー、そして「森林コーヒー」として希少価値のあるコーヒーを確保することができ、Win-Winの関係を築くことができている。

エチオピア「森林コーヒー」の認証審査実施

2008年1月現在、コーヒー輸出業者2社（ゲラ森林、ベレテ森林それぞれ1社）とワブブがビジネス・パートナーシップ契約を締結してコーヒーの収穫、乾燥、出荷といった一連のプロセスを共同で実施している。

初めての出荷

2007年12月25日から、シャベ・ソンボ郡（ベレテ森林）で、ビジネス・パートナー契約を締結したコーヒー輸出業者による、森林コーヒーの買い付けが始まった。例年より遅れて、11月中旬から本格的にコーヒーの摘み取り作業が始まり、その後、ワブブメンバーが庭先で乾燥させた

図表7－4　「森林コーヒー」の認証審査を受けるまでの流れ

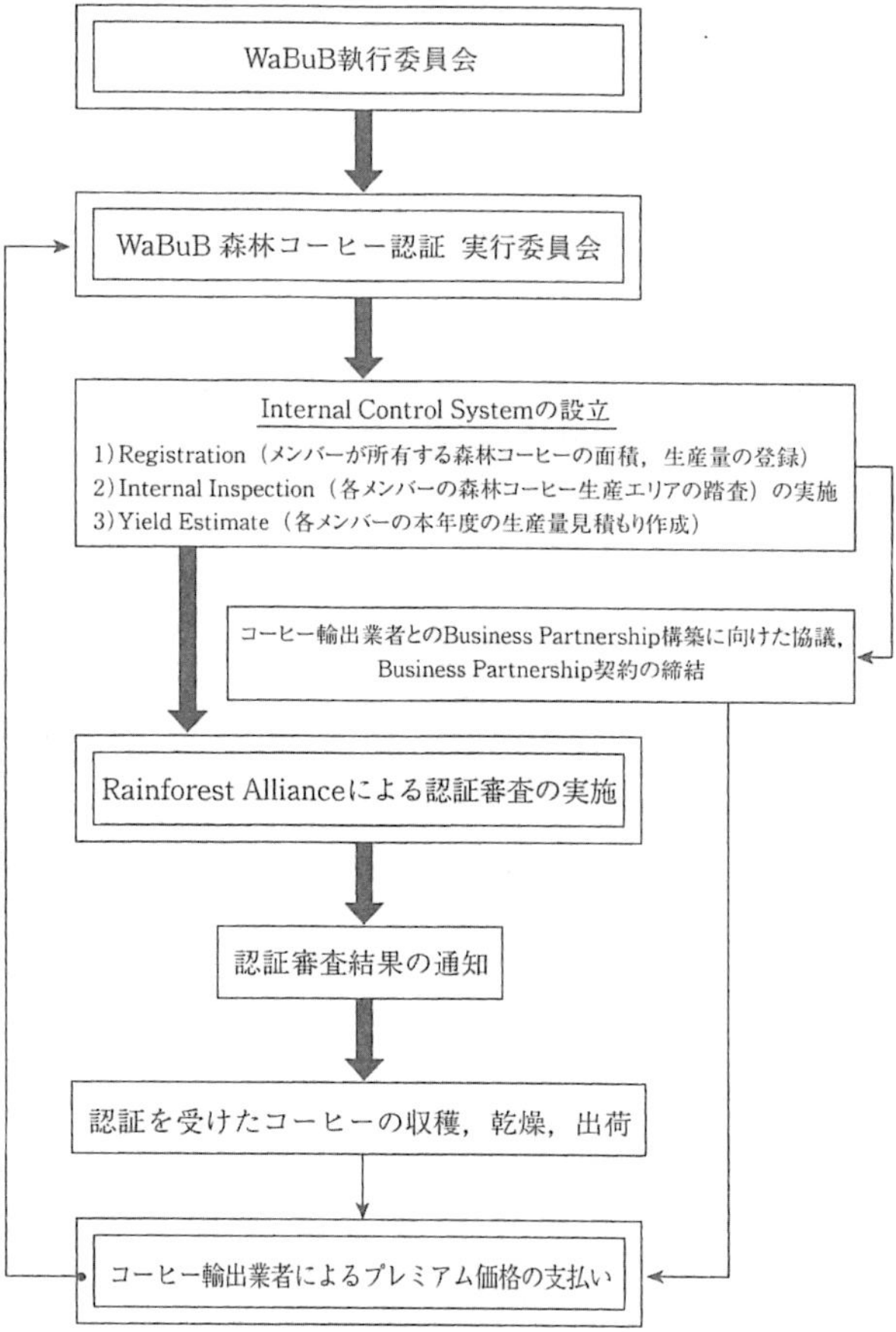

出所：プロジェクト広報資料。

コーヒーが、いよいよ輸出業者の手に渡ることとなった。

認証を受けた森林コーヒーというだけでなく、品質管理にも気を配り1ランク上の「スペシャル・コーヒー」の生産を目指してきたワブブメンバーたちは、買い付けに来た輸出業者の反応・評価に一喜一憂していたが、「立派な乾燥コーヒーだ」との太鼓判を押され、「当然だ、俺達が作ったコーヒーなのだから」と自信満々に帰っていった。

ゲラ森林では、2008年1月18~19日に輸出業者による森林コーヒーの一括買いつけが行われ、アファロ、ゲラ集落の住民218名が収穫・乾燥させたコーヒーが、市場価格に対して25%のプレミアムを付加した価格で買い取られた。

日本のODAによるフェアトレード関連事業その2:アルゼンチン北部「トバ族共同体生産開発計画」

エチオピアの事例は、直接、日本人専門家等が支援を行いながらプロジェクトを運営しているタイプであるが、ODAの事例として、JICA現地事務所を通じ、ローカルNGOを支援するスキームも近年増加している。そのなかで、南米アルゼンチンで実施中の先住民族共同体の女性達が製作する民芸品の販売支援に関する事例を紹介する。ちなみに、フェアトレードはスペイン語でComercio Justo（コメルシオ・フスト）もしくはComercio Solidario（コメルシオ・ソリダリオ）という。

２００２年12月から２００５年11月までの3年間、ＪＩＣＡアルゼンチン事務所の技術協力プロジェクト「トバ族共同体生産開発計画」がアルゼンチンの北部フォルモサ州インヘニエロ・フアレス市近郊に住むトバ族コムレック共同体を対象に実施された。この実施期間にプロジェクトの一環としてＮＧＯ‐ＪＩＣＡジャパンデスク・アルゼンチンが、ＪＩＣＡアルゼンチン事務所と平行して同共同体の女性達が製作する民芸品の販売支援を担当していた。

ちなみにＮＧＯ‐ＪＩＣＡジャパンデスクは、ＪＩＣＡの一環である。ＪＩＣＡが主に政府機関を通じた支援活動を実施しているのに対し、ＮＧＯ‐ＪＩＣＡジャパンデスクでは、市民団体（非営利組織、大学、ＮＧＯ等）による支援を担当、ＪＩＣＡのサポート的役割を果たしている。

ＪＩＣＡによる同プロジェクトは終了し、ＮＧＯ‐ＪＩＣＡジャパンデスク・アルゼンチンによる民芸品販売支援は継続され、２００7年後半には、次ステップへの移行段階を経ている（ちなみにＪＩＣＡアルゼンチン事務所は、２００6年12月より3年間の予定で新たに技術協力プロジェクト「先住民を通じた森林資源持続的利用」を実施中)。その内容とは、同デスクによる基本的な支援活動期間を終了した女性達が意欲と自信をもったことなどを踏まえ、その後は、現地の先住民支援団体(NGOなど)を中心としての援助活動を、NGO-JICAジャパンデスク・アルゼンチンが外部から見守るという形へ徐々に支援体系をシフトしていくことになった経緯がある。

そのような状況で選ばれた団体が、この『グランチャコ財団』である。同財団は、アルゼンチンの北部『グラン・チャコ』と呼ばれる地域に住む先住民(トバ族とウィチ族)の生活向上を目的に、単なる物質的援助の提供という支援ではなく、女性達の製作する民芸品の販売支援(フェアトレード)を通じての自立を目指して活動する現地のNGO団体である。支援内容に関しては、製作過程全域にわたるサポートや品質改善のためのアドバイスやトレーニングコースの設置など広範囲にわたり、民芸品販売について豊富な経験をもち、財団の指導のもとに製作されたトバ族やウィチ族の民芸品は非常にクオリティが高いと好評である。

扱っている商品は、トバ族の製作するタペストリー(羊毛)、ウィチ族製品になるとチャグアルという現地の植物から取れる繊維を利用して製作される手提げバッグやベルトなどであり、自然の素材を使用した興味深い製品ばかり。ローカルNGOとの連携は、これまで他のスキームでは比較的難しいとされてきた、貧困層への直接的なアプローチが可能になったという点で注目されている。

ちなみにJICAは、2004年に改定した環境社会配慮ガイドライン（JICA事業全般を対象とした環境社会配慮の基本方針、目的、手続き、情報公開のあり方などを定めたもの）で、環境社会配慮の対象範囲に先住民族を含めるほか、先住民族の尊重や合意を相手国政府に求める環境社会配慮の要件の1つとして定めている。

以上、エチオピアとアルゼンチンにおける日本のODAによるフェアトレード関連事業を紹介したが、どちらも地域住民が主体となった活動であり、広い意味ではコミュニティ・ビジネス（以下、CB）とも位置づけられる。ODAなどによる開発途上国への支援において、近年最も重要な課題の1つが貧困削減であり、都市部や村落部における貧困層の所得を向上させる目的でさまざまな支援が行われてきている。その例として、加茂（2006）が、ラオスにおけるCBの可能性を検証し、活動の持続性や利益を基準に作成した概念図をフェアトレードにも応用してみた（図表7―5）。望むべき姿は、持続性

図表7－5　所得向上活動とコミュニティビジネス（CB）の概念図とフェアトレード（FT）

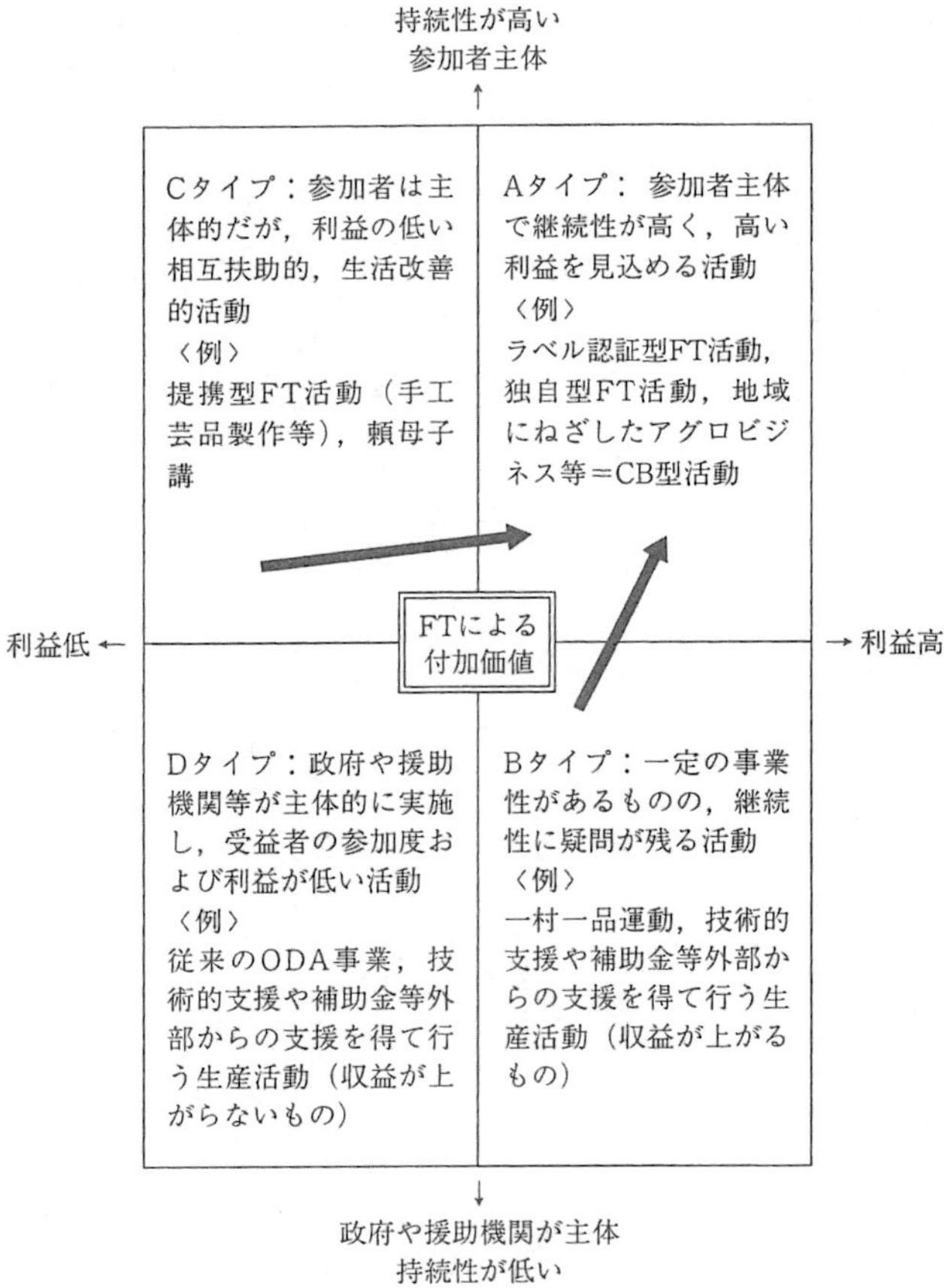

参考：加茂（2007），66ページを参考。

が高く、フェアトレードを通じて得られる利益も高く、貧困状況の改善が見込まれるAタイプである。しかし、開発途上国の場合、多くの所得向上活動は、B、C、Dタイプのいずれかである場合が多い。エチオピアの参加型森林管理計画は、当初Dタイプだったところ、森林コーヒーの認証というフェアトレードによる付加価値を受け、住民が安定した利益を得るようになってきているといえよう。プロジェクトが終了した後にも、住民が主体になって活動を継続していけば、CB型としての活動が期待できると思われる。

また、アルゼンチンの場合、参加者の主体性は強い（Cタイプ）が、先住民族の生活向上を目的とした、どちらかといえば利益の低い相互扶助的、または生活改善的な手工芸品製作が中心で、ビジネスとしてはきちんと成り立っていなかった。しかし、フェアトレードを通じてトバ族やウィチ族の民芸品販売が促進され、品質向上も図られていることから、Aタイプに徐々に近づいてきている事例といえよう。

次の章では、一村一品運動とフェアトレードの連携などを例に、開発途上国における生産者や貧困層自身の主体性育成の可能性について探ることとしたい。

第8章　開発途上国における生産者や貧困層自身の主体性育成の可能性

最貧困層とフェアトレード

フェアトレードも、最貧困層をどうやって取り込んでいくかが大きな課題として残っている。たとえば、チリのフェアトレード生産者団体（IFAT認証）であるコンパルテは、ワインやオリーブ油の生産販売を10年以上展開し、北米やドイツ等欧州において売り上げを伸ばしているが、これらの生産者団体は、土地を所有する経済的にも比較的豊かな生産者から構成されている場合が多い。一方、民芸品や手工芸品、銀細工等に携わる多くの生産者は、資本も限られ小規模もしくは土地無し農民である。国際フェアトレード・ラベル機構（FLO）が手工芸品等に関して認証ラベルを検討していないことからわかるように（第6章参照）、彼らがフェアトレードを通じて将来の生活が保証され、技能や教育水準の向上ができるチャンスは限られているといえよう。

これまでの章でもみてきたように、貧困層のなかでフェアトレードで最大限恩恵を受けることのできる人たちは、手に職をもった人か、換金作物を生産できる土地所有者である場合が多い。こういう人たちは、どちらかというと「能力のある」貧困層（Capable Poors）である。一方で、最貧困層を対象にし、彼らの生活水準を向上できるような戦略的なフェアトレード運動が、今後必要になってくると思われる。

こうした状況の下、開発途上国における生産者や貧困層自身の主体性育成の可能性を考える上で、フェアトレード商品を生産する団体の特徴と現状を十分に把握することが不可欠である。

一村一品運動とフェアトレードの連携

1979年に大分県が始めた一村一品運動（OVOP）は、地元の名産品を全国に売り込むことで、地域を活性化することが当初の狙いであった。その後、国内の成功例を参考にしながら、地域振興策の日本モデルとなってきており、タイや中国などアジア諸国でも徐々に広まりつつある。2008年は5月に横浜でアフリカ開発会議（TICAD）Ⅳが開催され、日本政府としてアフリカ支援を最大限にアピールした。TICADⅣでは、大

羽田空港内の一村一品マーケット

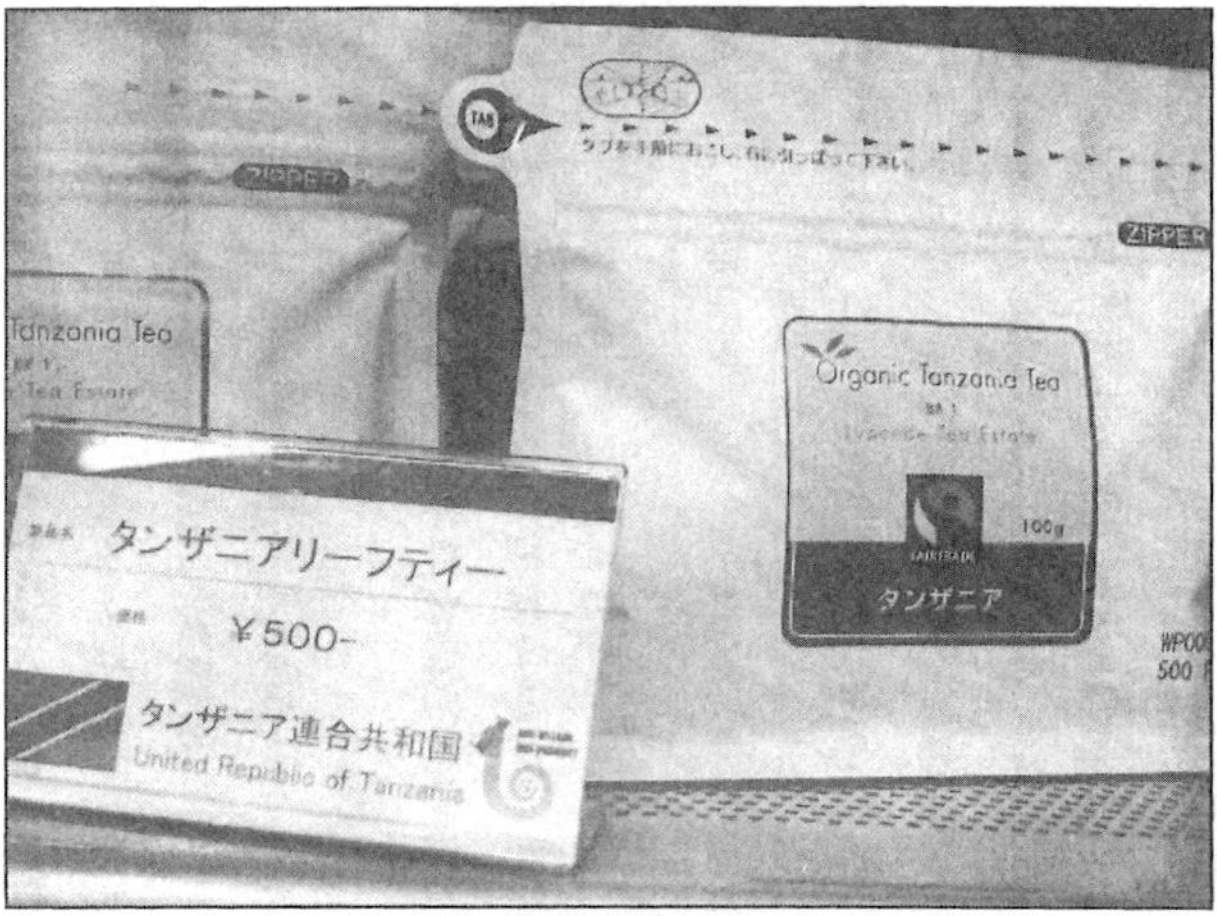

タンザニア産の有機フェアトレード紅茶

規模な「アフリカン・フェア２００８」が開催され、一村一品運動の成功例としてアフリカからの産品をプロモートするさまざまな企画が催された。

本来、一村一品運動は、「地産地消」を基本的コンセプトとしているが、商品の品質向上とマーケット拡大の結果として、海外への輸出も視野に入れるようになってきている。その際のマーケットとして「フェアトレード」に着目し、国際協力機構（ＪＩＣＡ）も２００６年後半から具体的にフェアトレード団体との協力に動き出してきた。２００７年1月には、ＪＩＣＡ本部での「フェアトレード勉強会」において、ＪＩＣＡ各関連部署と日本貿易振興機構（ＪＥＴＲＯ）からの出席者に対し、日本でフェアトレードに関わってきている特定非営利活動法人フェアトレード・ラベル・ジャパン（ＦＬＪ）やフェアトレードカンパニー㈱などがそれぞれの活動概況やフェアトレード・ラベル運動の意義、世界の動き等を紹介し、その後、ＪＩＣＡ経済開発部は２００７年２〜３月にかけて、何団かに分けて一村一品運動に係るアフリカ調査団をおよそ10カ国に派遣した。南アフリカとエチオピアについては、「ＪＩＣＡ一村一品運動に係るアフリカ調査団（南アフリカ・エチオピア）調査書」としてこれまでの経緯と今後の課題が提言されている（Ｂｏｘ５参照）。また、２００８年1月22日から２日間、マラウイでアフリカの14カ国が参加して国際セミ

Box 5　エチオピアおよび南アフリカでの一村一品運動について

エチオピア

(1) エチオピアコーヒー産業の今後の課題は，フェアトレードの拡大であり，そのためには農民への教育と組合作りの支援が必要である。国際フェアトレード・ラベル機構（FLO）の仕組みを利用して流通させていくためには，高いハードルではあるが，生産者が基準をクリアしてFLO認証を取得しなければならない。実際にエチオピアでは4組合連合がFLO認証を受けているため，基準のクリアは決して不可能ではない。

(2) エチオピア政府のフェアトレードに対する認識がまだ低い。スターバックスと銘柄の権利や価格について協議しているようだが，その結果が必ずしも農民の受け取り価格に反映されるとは限らない。コーヒー生豆のオークションを管轄するだけでなく，農民に生産物の対価が還元される仕組みの整備が必要である。

(3) 現在のところエチオピアからのFLO認証産品はコーヒーのみである。エチオピアの主要産品にはほかに蜂蜜，紅茶，香辛料，オイルシードがあり，FLOの仕組みで流通可能である。すでに生産組合が組織されていれば，FLOへの参加を促し，海外マーケットとフェアトレード条件でつなげていくことが可能だが，やはりFLO基準に沿うための組織作りの初期段階において，外部からの支援が必要であろう。

南アフリカ

(1) 手工芸品の生産者グループ訪問が主であったが，FLOの仕組みのなかでフェアトレード市場につなげるのは難しい。現在のFLO基準は農産品が主要で，非食品には切花，観葉植物，コットン，ボールがある。

(2) 今後，一村一品運動（OVOP）で手工芸品のフェアトレード市場を開拓するのであれば，生産者グループの国際フェアトレード連盟（IFAT）加盟を視野に入れるとよいのでは。もしくはIFATへ加盟している団体・業者への販売を目指す。

出所：中島（2007）。

ナーを開催し、有力産品の発掘や生産を通した経済成長を呼びかけた。

底辺からのグローバリゼーション

近年話題となっているグローバリゼーションは、国境や異質なモノ同士の垣根を低くし、世界をそれこそより小さく感じさせ、お互いが共通の輪で結ばれているような錯覚を感じさせる。しかし現実的には、コロンビア大学教授でノーベル経済学賞を受賞したスティグリッツが近著（『フェアトレード：格差を生まない経済システム』）でも書いているように、グローバリゼーションという市場原理主義的な流れにより、普通の人々の間に横たわる格差を拡大させ、地域での対立構造を作るような動きになっている。たとえば、バイオ燃料の奨励により、開発途上国では主食であるトウモロコシやキャッサバが換金作物として輸出されるようになり、国内では食糧自給が危うくなるといった事態が生ずるのも、グローバリゼーションによる影響といえよう。

スティグリッツが提言することの1つに、「世界の貧しい国々を救う最良の策は、自由かつ公正な貿易により経済的に自立させること」があげられる。開発途上国を世界の貿易システムに無理なく参加させる新しい国際貿易の枠組みを理解した上で、今後具体的にど

図表8－1　フェアトレード運動の三者間関係

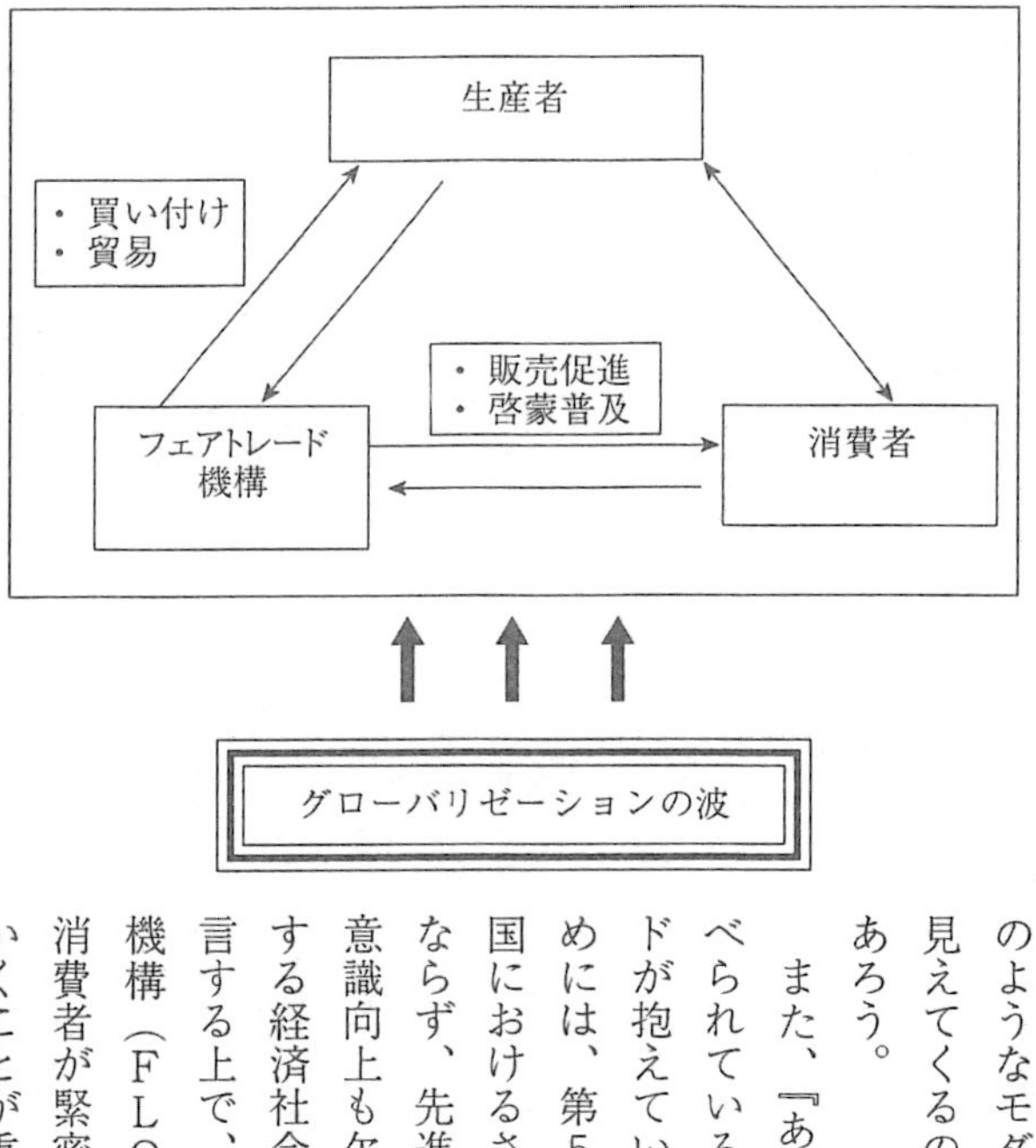

のようなモダリティ（援助の方法）が見えてくるのかを再度考察する必要があろう。

また、『あっと』8号でも詳しく述べられていることだが、フェアトレードが抱えているジレンマを克服するためには、第5章で取り上げた開発途上国におけるさまざまな生産者団体のみならず、先進国を中心とする消費者の意識向上も欠かせない。グローバル化する経済社会の弊害を指摘し、改革提言する上で、生産者、フェアトレード機構（FLOやIFAT等）、そして消費者が緊密な三者間関係を形成していくことが重要だと考えられる。

日本のODAによるフェアトレード団体への支援—運転資金運用

フェアトレードにおいては、生産者に対する公正な賃金の支払い（フェアトレード・プレミアムや、代金50％前払い等）や、環境や社会条件に配慮した生産活動などのように、フェアトレードの特性上かかる独自のコストが、フェアトレード団体にとって大きな負担となっている。イギリスのシェアード・インテレストやオランダのオイコ・クレジットのように、短期間の運転資金を数百万円単位で融資するいわゆる社会銀行が欧米諸国には存在する。社会銀行について、すでにドイツ、スイス、オランダ、ベルギー、英国、イタリア、フィンランド、アメリカ、その他アジアや中南米、アフリカなどの開発途上国においても、国民が新しい社会的価値観で投資を行い、人間として調和のとれた収益を得ながら、持続発展可能な社会を次の世代に引き継ぐ活動を行ってきている。これらの銀行は、お金のために人が存在するのではなく、人々のために貨幣は循環すべきであるという理念に基づき設立されている場合が多く、その融資は、環境配慮型生産、有機農業、教育、芸術、医療・福祉、男女共同、参画社会への推進、フェアトレード、住宅環境改善など、社会的なテーマのプロジェクトに向けられている。

日本国内では、未来バンク等の小規模社会銀行が、最近、日本のフェアトレード団体等に融資するようになってきているが、融資額は数十万円の規模にとどまっている。また、開発途上国のフェアトレード団体の場合は、高金利や担保等の問題があり、運転資金をなかなか融資してもらえないつらい状況が多く見受けられる。こうしたなか、フェアトレード団体には、その資金不足から市場競争の上で不利な立場に追い込まれたり、商品開発や宣伝に十分な資金を投入できないという場合が少なくない。

2003年に改訂されたODA大綱を読んでも明らかなように、日本のODAも量から質への、ハード案件からソフト案件への援助にシフトしてきている。ODAを使って、日本のフェアトレード促進に貢献することも可能ではないかと考えられる。そのなかで、運転資金の不足に悩むフェアトレード団体に低金利で資金を提供できるようなフェアトレード財源をODAで確保し、既存の社会銀行と提携するなどして、フェアトレード団体の運転資金として運用できるような仕組みが構築されることを期待したい。

また、日本の対アフリカを中心に、ODA金額が近年減少しているといった苦言がなされているが、予算が多額であればいいといった提言よりも、むしろ今後必要になってくるのは、ODAにおける援助の質や戦略的アプローチだろう。フェアトレードをODAで促進しようとする場合、やはり大切なアプローチの1つが人材育成（人造り）であろう。

ODAを通じて育成された人材が、長期的には、インフォーマルセクター（中南米に多い）や地場産業（アフリカや東南アジア）の創造に貢献する。たとえば、商品開発や品質管理の経験（5Sや改善）のある人は、青年海外協力隊やシニアボランティアとして、村落開発普及員（もしくは関連の職種）で参加しフェアトレードに取り組んだり、企業のCSR構想の1つとして、短期間ボランティアをフェアトレード生産者団体でする、といったシナリオがあってもいいはずである。

日本におけるフェアトレード運動の推進・展開に向けて

最近、翻訳・出版された本では、「買えば地球を変えられる」と本の帯にもあるように、コーヒー、チョコレートから家具、サッカーボールまで、フェアトレードで買う具体的な50例を紹介した『フェアトレードで買う50の理由』がある。

このリストを見ると、どちらかといえば一個人の消費者としてフェアトレード商品を購入するというよりも、キャンペーンや活動家として取り組むテーマが多いが、47．フェアトレードに投資する、といった個人投資家としての取り組みも見逃せない。今後、日本でもっと普及するために参考になる重要なテーマがこのリストにも見え隠れしている。

図表8－2　フェアトレードで買う50の理由

1．貧しい人びとの便益となるシステムを支える
2．もっと公正な価格を小規模農家に支払う
3．信頼できる商品を買う
4．生産者が明日を信じられるような支援をする
5．貿易をより民主的なものにする
6．開発を人間らしいものにする
7．プランテーション労働者が生活可能な賃金をまちがいなく得られるようにする
8．女性と少女に権限と自信を持ってもらう
9．コーヒー生産者に希望をもたらす
10. 綿花栽培農民の命を守る
11. 広がりをみせる地球規模の運動の仲間になる
12. 不公正な貿易に「馬鹿げている！」と言う
13. 誇りを持って生産された本物の品質を享受する
14. 子どもを学校に通わせる
15. 貧困を過去の歴史にする取り組みを継続する
16. 自分のまちを「フェアトレード・タウン」にする
17. 自信を築き，リスクを減らす
18. 人びとの健康を増進する
19. 人権を後押しする
20. じゅうたんを作る児童労働者を自由にする
21. 中間業者を飛び越える
22. よりまっとうな世界に乾杯する
23. 生活を根っこから変える
24. 「悪い」ボールを蹴り出す
25. 農薬汚染をなくす
26. 敬意ある旅をする
27. 地球の友だちになる
28. 子どもの搾取を止めさせる
29. 借金の重荷を取り除く
30. 遺伝子組み換え産品にノーと言う
31. フツーじゃない家具を選ぶ
32. 生活を立て直し，生計手段を取り戻す
33. 多国籍企業に，より公正な貿易をさせる
34. 苦汁工場を廃絶する
35. 長期的な関係を受容する
36. パレスチナ農民との連帯を示す
37. 目標に手の届くところに引き寄せる
38. 進歩的なコーヒー愛飲家になる
39. 飢えに苦しむ国に希望を送る
40. 協同組合と協同する
41. 自由貿易擁護論者が間違っていることを証明する
42. 未来のビジネスをいま実現させる
43. 正義に適った貿易に賛成票を投じる
44. より甘い味わいを楽しむ
45. 三月に祝福する――そしてふたたび五月にも
46. 市場を貧しい人びとのために機能するものにする
47. フェアトレードに投資する
48. 家族と地域コミュニティの絆を守る
49. 多様性を擁護する
50. 世界を変える！

出所：マイルズ・リトヴィーノフ，ジョン・メイドリー（2007)。

従来、フェアトレード（公正貿易）は、日本人に馴染みのない言葉であったが、欧米諸国でのフェアトレード運動に触発され、日本でもここ数年で好調な伸びがみられるようになってきている。今後、開発途上国における貧困緩和に取り組む上で、生産者の経済的自立を促す手段としてフェアトレードは有効であろう。フェアトレードによって自助努力が促進され、生産者の貧困緩和と地域の持続的開発が可能となるはずである。日本における今後のフェアトレード運動の推進・展開を期待する上で、自分が何かできるかもしれないと感じるかもしれない。開発途上国の人権問題が日本のマスコミで取り上げられるとき、綿花やココア、バナナといった換金作物を生産している現場の人々が、農薬や長時間労働によって身体が蝕まれながらも、他の代替生活手段がほとんどないために、苦しんでいる実情を知ることも必要であろう。いろんなドキュメンタリーや出版物が出ているので、それを手に取ることも始めの一歩になるはずである。

また、自分で何ができるかと思ったとき、それでももう一歩踏み出しているはず。そのなかでフェアトレードを通じて各々ができることは、少なかれあると思ってもらいたい。この本の結びとして、段階（レベル）別に次のような提案をしてみたい。

■**レベルA（初級）**：何か購入してみよう（予算は1000円位）。
まず消費者として、フェアトレード製品を手にしてみて、買ってみる。バレンタインキャンペーンのチョコレートでもいいし、コーヒーの豆を250グラム買ってみる（生協で売っている）。また、オルター・トレード・ジャパン（ATJ）の冷凍エビを買って天ぷらを作って食べる。

■**レベルB（中級）**：身の周りでフェアトレードを勧めてみよう（予算は5000円位）。
自分で何回か購入してみると、誰かにその気持ちを共有してもらいたくなっているかもしれない。そんなふうになったら、身の周り（友人、家族、職場の人たち）を巻き込んでみよう。たとえば、有機コットンのベビー服を購入して出産祝いに届ける、職場で飲んでいるコーヒーや紅茶をフェアトレード製品に変えてみる、友人とフェアトレードのお店に出かけてみる。などが考えられる。

■**レベルC（上級）**：自分でフェアトレードに関わる（予算は千差万別）。
フェアトレードのお店や倉庫（たとえば、シャプラニール）でボランティアを申し出る、自分でネットショップを立ち上げて、フェアトレード商品を販売してみる、フェアトレードのツアー等に参加して現場を訪ねてみる、フェアトレードのキャンペーンや講演を自分たちで企画実行し、地元の学校等で巡回してみる、大学のフェアトレード研究会に参加してみる、などが考えられる。また、社会銀行などでCSRを基準に投資しているファンドを見つけて、個人的に投資してみたり、フェアトレードを実践してきている企業やNGOの会員になることも考えられる。こうなると、それなりにフェアトレードの知識や経験が積み上げられてきているはずだ。

■レベルD（チャンピオン）：職業としてフェアトレードに関わる（自分で稼ぐようになる）。

こうなると、自分の仕事の一部として、または仕事としてフェアトレードに取り組むこととなる。青年海外協力隊に参加して、フェアトレードの生産者団体とコーヒー認証に関わったり、農産物の品質管理を担当したりすることがその一例であろう。国内外のフェアトレード団体に就職して、商品開発や卸売り、営業などを受けもつことも考えられる。自分で乗り込んで、直接生産者と事業を始めてもいい。そのときにFLOやIFAT、ATJなどが掲げるフェアトレードの原則を忘れないようにすることが大事である。

エピローグ

大学を卒業後、開発援助に携わってきたなかで、常に頭から離れなかったことの1つが、開発途上国における社会的弱者の過酷な現実である。アジアの最貧国の1つであるネパールで、協力隊隊員として2年間、当時電気がなかったネパール中西部の山村で暮らしていたときに、カースト制度の生臭い現実を実感しながら何もできない自分を歯がゆく思っていた。その後、ジェンダーや社会林業といった開発援助の分野にも携わるようになり、経験のみならず理論武装も少しずつすることとなったが、先進国から援助ワーカーとして開発途上国のプロジェクトに参画するなかで、具体的な社会的弱者への取り組みを自分自身見出せないままであった。

1999年からオランダに滞在することになり、しばらく続いた開発途上国での仕事に一段落区切りをつけた。はじめににも書いたとおり、その時に出会ったソリダリダドの代表であるニコ・ローゼンが私の「フェアトレード」との出会いであった。子育ての合間に、小さな仕事をもらってソリダリダドのフェアトレードに関わり始め、フェアトレードの皮革製品の市場調査を手がけ、皮革をなめし加工するときに使用される化学薬品が問題になっていることに気付いた。そして、彼がカトリック教神父のヴァンデルホフ氏と共著で2000年に出版したフェアトレードの本『Fair Trade：Het verhaal achter Max Havelaar-koffie, Okébananen en Kuyichi-jeans（フェア・トレード：コーヒー〔Max Havelaar〕、バナナ〔Oké〕そしてジーンズ〔Kuyichi〕の裏話）』を妻が事務所から1冊もってきた。オランダ語が原著であるが、すでにスペイン語とフランス語に翻訳されていた。しかし当時は、英語版はもちろん、日本語版もなく、習得中のオランダ語を駆使しながら、辞書を片手に読み始めると、これが面白い。何とか訳して出版できないかと、知り合いを通じていくつか出版社に電子メールを送ってみたところ、どこも反応は鈍く、「フェアトレードはあまり知られておらず、出版するにしても赤字覚悟だ」とか、「100万円自己負担してくれれば、翻訳本を出版してもいい」という条件付の返事だった。

そこで、2002年になってから「フェアトレード勉強会」なるものを立ち上げ、有志を募ったところ、当時、東京に小さなフェアトレードショップを開いて南米やアフリカの製品を細々と販売していた佐藤美奈子さん、トルコの農業プロジェクトに従事していた小村浩二氏、オランダ在住で教育分野が専門の坪内睦美さん、そして参加型開発や地域振興について相談に乗ってもらっていた西川芳昭先生（現在、名古屋大学）の４名が勉強会のメンバーになってくれることになった。まずは、出版のスポンサー探し、そして翻訳の分担、フェアトレードの現場調査などを主な活動内容として、電子メールでやり取りを始めた。西川先生以外は、自分自身も含めて青年海外協力隊ＯＢ・ＯＧであることから、青年海外協力隊のＯＢ・ＯＧを中心に組織されている㈳青年海外協力協会（ＪＯＣＡ）を通じて助成金を取得できないかというアイディアが浮かんできた。そして、この翻訳本出版に向けた企画案を作り、応募することになったのが２００２年初夏であった。私は子育ての合間を縫って、オランダ語の本とスペイン語の本を机に置いて、１章ずつ翻訳に取り組み始めてみた。しばらくしてＪＯＣＡから通知があり、残念ながら、この企画案は通らなかったことを知る。そこで、共著者のニコ氏にも直接会って日本語への翻訳に関する版権の相談とかもしてみたが、フランスの出版元と直接交渉してくれないかということになった。実際交渉してみると、翻訳本を出版するには、まず翻訳本を出版できる日本の会社が見つからないと交渉できないと言われ、これでは堂々巡りだと思い、残念ながら諦めることになった。その後、南米ボリヴィアで国際協力機構（JICA）の技術協力プロジェクトに2002年夏から関わることになり、この本の翻訳も中断してフェアトレードからもしばらく遠ざかってしまった。

あれから7年、翻訳家の永田千奈さんによって、日経BP社から『フェアトレードの冒険：草の根グローバリズムが世界を変える』というタイトルで、翻訳本が2007年11月に出版されたとのニュースを知ったときは、ずいぶん時間がかかったなあと嬉しく思った。この2007年は、フェアトレードについても、朝日新聞や日経新聞で取り上げられ、また多くの大学生協でフェアトレード製品が販売されるなど、日本国内でもフェアトレードが盛り上がりを見せており、フェアトレードという言葉が徐々に浸透していると改めて実感できた年でもあった。

今回の執筆にあたって、いろんな方々から協力を頂いた。忙しい仕事の合間にお世話になったフェアトレードカンパニー㈱のサフィア・ミニーさん、胤森なお子さん、村田薫さん、滝下郁子さん、そしてスタッフの皆さん。国際フェアトレード・ラベル機構（FLO）本部のダヴィッド・ホルツワート氏、ルイス・アバルカ氏、ヴェロニカ・ペレスさん、高橋美弥子さん、フェアトレード・ラベル・ジャパン（FLJ）の中島佳織さん。エチオピアで森林コーヒーに取り組んできたＪＩＣＡ専門家の西村勉、吉倉利英両氏、そして国連食糧農業機関（ＦＡＯ）オフィサーの萩原雄行氏。アルゼンチン北部のトバ族の紹介をしてくれたＮＧＯ・ＪＩＣＡジャパンデスク・アルゼンチンのマリア・フロレンシア・サイアさんと小鹿野明子さん。また、ＪＩＣＡ地球環境部の三次啓都氏には、カカオのことを含め政府開発援助とフェアトレードについて教えてもらった。

実は、２００４年から、私の妻が国連組織の１つである国際農業開発基金（ＩＦＡＤ）やフェアトレード運動の元祖団体の１つである国際フェアトレード連盟（ＩＦＡＴ）の仕事で、直接フェアトレードに関わるようになり、オランダや欧米諸国のフェアトレードについて接する機会が格段に増えた。妻であり、仕事のパートナー、そして開発援助業界のライバルとして、彼女と知り合ってから20年間切磋琢磨してきたその過程で、この本が出来上がったと思う。では、二人三脚で一緒に進んできたかというとそうではない。どちらかというと、お互いに雪玉のキャッチボールをゆっくりしながら、そのボールが少しずつ大きくなり、それがフェアトレードのテーマとしてまとまった大きさになったときに、創成社新書での出版の話と結びついたように思う。振り返ってみれば、節目節目に、雪玉は壊れたり、表面が凍ったりしていたように思える。節目といっても竹のようにすくすくと上に向かってまっすぐ延びていたわけで決してなかった。そして、いろんな人に出会い助けてもらっていたことを嬉しく思う。

この本と直接関係がないかもしれないが、これまで本当にいろんな方にお世話になってきたと思う。まずは、実家で有機農業に取り組む父とリンゴ栽培を続ける母に心から感謝したい。そして、大学生のときに将来何をするか迷って、4年生になってもきちんと進路を見つけれなかったときに、演習林で遊んでくれた教官たち、特に中川演習林の夏目俊二先生にはお世話になった。一度民間企業に就職の内定をもらっていながら、海外への夢を断ち切れず、青年海外協力隊について考えていたときに、親身になって話を聞いてくれた畑欣二氏（協力隊タンザニアOB・現林野庁）。

1998年春、青年海外協力隊の長野県駒ヶ根KTIでの訓練所での出会いも強烈であった。ラグビーのチームの面々、ネパール語を短期間でみっちり叩き込んでくれたシェルパ先生とサヤミ先生。ネパールでは、とにかくいろんな分野や国籍の人に会った。もちろん後に妻となったマリエッタもそうだが、2年間滞在したカスキ郡ガンドルック村の人々やプロジェクトの同僚たち、協力隊同期隊員で同じ大学の講座出身の齋藤期英（アンナプルナ農場主・在長野県在)、2006年9月に不慮の事故(ヘリコプター墜落)で帰らぬ人となったチャンドラ・グルン氏(元世界自然保護基金(WWF)ネパール事務局長)、当時ヒマラヤ保全協会事務局長だった山形洋一氏(JICA専門員・インド赴任中)ら。

お世話になった人たちには、なかなかその後会う機会のない人も多い。メキシコ南東部のユカタン半島に広がるジャングルで、マチェテ(農民が農作業に使う長いナタ)を腰にぶら下げながら、一緒に調査で歩き回ったペドロ・マカリオ氏、ネパールのプロジェクトで2年半一緒に働いていた、森林土壌保全省の技官やNGO、協力隊隊員や日本人専門家の人たち、ボリヴィア南部のタリハ盆地で、住民参加のプログラムに一緒に汗を流したマベル女史やヴィクトル・ウーゴ技師と日本人専門家。そして、いつもそこには、限られた資源と厳しい自然環境の下で暮らしている現地の人たちがおり、私のような外部の者を徐々に受け入れてくれたことも忘れられない。プロジェクトを通じて、彼らが生産した農産物や手工芸品をどうやって販売し、少しでも多く継続的に彼らが利益をあげることができるのか、私を含め多くの人が悩んでいたように思う。この本を執筆しながら、「フェアトレードは、村落振興や生計改善といった事業において、万能薬とはなりえないが、有効な1つの手段であることは間違いない」と思うようになってきた。

20年前に青年海外協力隊に参加してネパールに赴任して以来、開発援助の技能やノウハウをいろんな方から教えてもらったり盗んできたと思う。確かにいろんな研修やワークショップ、留学等で開発援助に取り組む上で必要な知識（形式知ともいえる）や、技術、心構えを習得するよう心がけてきた。一方で、やはり実際に開発援助の現場や職場で働きながら、同僚や上司などから体得してきたノウハウや技能（暗黙知）も、少なからず自分のなかに蓄えられてきているようにこのごろ思う。

最近では、FAOで働いていたときに出会ったアメリカ人のヤン・ジョンソン氏からいろいろ学んだことが記憶に新しい。西アフリカの漁業プロジェクトに長年関わってきた彼は、多国籍軍であるFAOにおいて必要な開発援助の技能やノウハウを、参加型の会議やブレーンストームといった場でどんどん惜しみもなく披露してくれた。彼自身がそれらを技としてはっきり認識していたかどうかは定かでない。しかし、彼の「暗黙知」を何とか盗もうと、当時は必死になって彼に喰らいついていたことを思い出す。そのなかに、老若男女問わずに会議の場できちんと議論を闘わせ結論に導くファシリテーターという役割があった。フェアトレードを実際に進める上で、「北」や「南」といったそれぞれ立場が違う利害関係者をまとめていくことは容易ではない。また、残念ながら日本では、これまで独自にフェアトレードに関わってきた団体と、FLOなどのラベル認証団体との歩み寄りがあまりみられない。こうした混沌としている日本のフェアトレード業界を外から眺めてみると、どうもファシリテーターが不在のようにも見えてくる。日本国内のフェアトレード団体や関係者は、それぞれがフェアトレードの「暗黙知」を蓄えてきていることは疑う余地がない事実である。今後、フェアトレードが日本国内で新たな展開を繰り広げていく上で、「ファシリテーター」が登場してくるような予感がする。

あとがき

２００７年は、日本で消費者を裏切った企業の不祥事が相次いだ。その１つが「再生紙」である。国内の製紙会社が、年賀ハガキに古紙パルプを混ぜる割合を低く抑えながらも、「再生紙」の年賀ハガキとして、環境への配慮を考慮する消費者を意識して販売していたことが明らかになった。実際は「再生紙」に明確な定義がないこともあり、消費者は古紙の配合割合を確認するすべがないまま、「再生紙」というブランドを信用して、長年購入していたことになる。このような環境偽装は、耐震偽装のように家屋などの財産や人命を脅かすほどの偽りではない。しかし、この手の環境偽装は、明らかに消費者への裏切り行為であり、この不祥事で、「再生紙」というブランド価値が薄れたことは確かである。

フェアトレード製品も「フェアトレード」というブランドや国際フェアトレード・ラベ

ル機構（FLO）などのラベル認証により、通常の製品よりも「高い価格に意味がある」という認識が欧米諸国では浸透しており、日本でも近年、フェアトレードへの認識度が高まってきている。開発途上国の製品を適正な価格で購入し、貧困に苦しむ生産者や農民たちを継続的に援助したいという、環境や社会への配慮を意識する消費者を裏切るような「フェアトレード偽装」が、今後起きないとも限らない。その対応の1つとして、私たち消費者が、フェアトレード製品の不具合や、ラベル認証の偽装表示などの情報などに関する相談をもち込むことのできる窓口を設立することである。

フェアトレード業界も21世紀に入ってから販売規模が拡大し、製品が多様化してきており、消費者を欺くような不祥事が今後まったく起きないとは考えられない。消費者を裏切った場合の代償は、経済的にも精神的にも大きいことを、フェアトレード関係者は肝に銘じておくべきだろう。今後、ラベル認証への信頼度を高めること、トレーサビリティを明示することが、フェアトレードにおいてもさらに求められてくるものと考えられる。また、開発途上国に多い生産者団体や、欧米諸国の輸入業者は、フェアトレードの原則というか法令をきちんと順守するべきであり、コンプライアンス（法令順守）を徹底することが今後の大きな課題といえよう。この課題に対しては、現在FLO等が実施している定期的な外部査察やモニタリングが、重要な役割を果たしてきている。フェアトレードの生産者団体への費用負担等に関してまったく問題がないとはいえないが、ラベル認証を実施している他のフェアトレード関連団体やラベル認証導入を2008年後半に予定している国際フェアトレード連盟(IFAT)などに対して貴重な教訓を提示している。もし、日本が独自でフェアトレード・ラベル認証制度に取り組むのであれば、ぜひ参考にすべきであろう。他の業界ではあるが、日本独自のラベル認証として、たとえば、有機農業におけるJASや林産物における森林認証のSGECがある。日本国内において、独自のフェアトレードラベル認証の導入が理に合ったものかどうか、また競合性があるのかどうかもきちんと議論できるようなプラットフォーム作りも求められている。日本国内でフェアトレードのプラットフォームを運営し、フェアトレードについての議論を推進する団体が存在するのか、もしくは新しく作るべきなのかは、私にも定かではない。それは、NPOでも関連外郭団体でも、企業や大学でも構わないと個人的に思う。

また、フェアトレードの主流化が欧米諸国で加速する一方で、フェアトレード製品の消費者と生産者における距離感や連帯感が失われていることも危惧すべきであろう。FLO

のようなラベル認証には、これまで一部の慈善事業家しか関心をもたなかったフェアトレードを一般市民や実業家、政治家にまで啓蒙普及してきた功績があることを素直に認めたい。大分県で始まった一村一品活動（地場産業の促進）や、生活協同組合がこれまで地道に取り組んできている安全な食品提供、LOHASと結びついてきている地産地消（輸送費が少なく、新鮮で環境に優しい）といった最近の日本における社会環境活動とフェアトレードがどのように融合して発展していけるのか、きちんとした方策なり政策が必要であると考える。グローバル化している世の中の現況をきちんと把握し、フェアトレードで何ができるのかをこの本を手にした読者が考えて何か行動を起こしてもらえたら、筆者としても嬉しい限りである。幸い、インターネットの普及等により、交流やビジネスの垣根はもう国境でなくなっている。そのことは、島国の日本にいるときよりも、大陸のヨーロッパに住んでみて痛切に感じることである。

現在オランダに居を構えているが、日本からもいくつか雑誌を届けてもらっている。そのなかの1つに、『暮らしの手帖』がある。2006年秋号に登場したのは、女優の紺野美紗子さん。記事のタイトルは「小さな善が集まれば、世界を動かす力になる」。1999年に国連開発計画（UNDP）の親善大使を引き受けてから、「常に途上国の人々のことを考えていない自分は偽善者ではないのか」と悩んでいた女優の紺野美紗子さん。あるとき読んだ新聞記事で「偽善じゃないかと悩む心自体が、すでに善なのです」と語る医師を知り、気負いが抜けて救われた気分になったという。

「社会に良い事」をしたいという願望は、国際協力や開発援助に携わったことのある人なら、少なからずともっていると察する。この本を手に取った読者の小さな「善」が集まれば、何かを動かす力になるという姿勢が、今必要なのかもしれない。それは、フェアトレード運動を通じてでも、身近なことでも構わない。こういう動きを通じて、実は、開発途上国で虐げられている社会的弱者の自助努力を促し、彼らの生活がゆっくりかもしれないけれど改善されていっているのだ、というような心情で各々が、そして自分自身も、今後臨んでいければと思う。

最後に、このシリーズの監修者である西川芳昭先生、締切期限を超過してご迷惑を掛けたにもかかわらず、辛抱強く待っていただいた創成社の塚田尚寛氏、西田徹氏には大変お世話になった。以上記して、感謝申し上げる次第である。

略号一覧

ATJ	オルター・トレード・ジャパン
ATO	オルタナティブ貿易組織
CAP	共通農業政策（EU）
EEC	欧州経済共同体
EFTA	欧州フェアトレード協会
EU	欧州連合
FAO	国連食糧農業機関
FLJ	フェアートレード・ラベル・ジャパン
FLO	国際フェアトレード・ラベル機構
FTA	自由貿易協定
FTO	フェアトレード組織
GDP	国内総生産
GNP	国民総生産
ICA	国際コーヒー協定
ICCO	国際コーヒー機関
IFAD	国際農業開発基金
IFAT	国際フェアトレード連盟
ILO	国際労働機関
IMF	国際通貨基金
ISO	国際標準化機構
IT	情報技術
IUCN	国際自然保護連合
JAS	日本農林規格
JETRO	(独) 日本貿易振興機構
JICA	(独) 国際協力機構
JIS	日本工業規格
JOCV	青年海外協力隊
MCC	メノナイト中央委員会
NEWS!	欧州世界ショップネットワーク
NGO	非政府機関
ODA	政府開発援助
PRSP	貧困削減戦略文書
RA	レインフォレスト・アライアンス
SNV	オランダの開発援助機関
TICAD	アフリカ開発会議
TNC	超国籍企業
TQM	総合的品質管理
TWIN	第三世界情報ネットワーク
UNCTAD	国連貿易国際会議
WTO	世界貿易機関

資料　フェアトレードをめぐる主要な動き（18世紀以降の小史）

年（西暦）	日本	欧州	北米・オーストラリア	開発途上国	世界の動き
1700年代					三角貿易（奴隷貿易）全盛
1760−1830年		産業革命期（イギリスで綿・羊毛の大量生産が開始）			
1807年		イギリスが法律で奴隷貿易を禁止			
1859年		オランダで「MaxHavelaar」出版			
1884−85年		ベルリン会議開催（アフリカ大陸の争奪がテーマ）			
1880−1910年		アフリカ大陸の分割・占領		アフリカ大陸の分割・占領	
1900−1930年代				植民地化	植民地化政策／第1次世界大戦
1940年代				東南アジア諸国の独立	第2次世界大戦／国連の発足
1946年			フェアトレード運動の前身（Ten Thousands Village；プエルトリコの刺繍）		
1950年代		イギリス・Oxfam（香港の中国難民によるクッション販売計画）		アフリカ諸国の独立	
1958年			初のフェアトレードショップが開店（ペンシルバニア？）		
1964年		イギリス・Oxfamによる初のATOが設立			第1回UNCTAD「Trade not aid（援助より貿易を）」（ジュネーブの会議にて）

年（西暦）	日　本	欧　州	北　米・オーストラリア	開発途上国	世界の動き
1967年		オランダ・S.O.S Wereldhandle（Fair Trade Original の前身）が設立			
1969年		ヨーロッパ初のフェアトレードショップが開店（オランダにて；サトウキビの砂糖等販売）			
1972年	Help Bangladish Community（HBC；シャプラニールの前身）が設立				
1973年		オランダ・S.O.S Wereldhandle がコーヒー（グアテマラ産）を FT 商品として追加			
1970年代				多くのフェアトレード団体が，アフリカ，アジア，中南米にて設立	
1979年		Traidcraft が設立			
1985年		TWIN（第3世界情報ネットワーク）と Twin Trading が設立（イギリス）			
1980年代				IMF による構造調整プログラムの実施／メキシコ等での債務危機	
1986年	日本ネグロスキャンペーン委員会が設立／フィリピン・ネグロスにオルタトレード社（ATC）設立				

年（西暦）	日　本	欧　州	北　米・オーストラリア	開発途上国	世界の動き
1988年		Max Haveleer（世界最初のラベル）発行（オランダ）	Global Exchange（米国）が設立		
1989年	オルター・トレード・ジャパン（ATJ）の設立	IFATの設立（事務局・イギリス）／EFTA結成（事務局・ブリュッセル）		天安門事件（中国）／ソビエト連邦崩壊	国際コーヒー機関（ICCO）の輸出割当制度停止
1989－1993年					コーヒー〔先物〕価格の暴落・低迷
1990年		EFTAの結成（オランダ）			
1991年	グローバル・ヴィレッジ発足	IFAT第1回国際会議開催（4月アイルランドにて）			
1992年		MaxHaveleer財団（オランダ）の設立		生産者組織Cafe Directの発足	
1993年	トランス・フェア・ジャパン（TFJ）の設立			IFAT第2回国際会議開催（4月フィリピンにて）	
1994年		NEWS!（欧州世界ショップネットワーク）の結成	Fair Trade Federation（アメリカ）設立		
1995年	（有）ぐらするーつ設立／フェアトレードカンパニー（株）設立				WTO発足（事務所・ジュネーブ）
1997年		FLO設立（ドイツ）			
1998年		OXFAM,「コーヒーチャレンジ」のキャンペーン展開	Transfair USAの設立		
1999年		EU委員会，フェアトレードをCAPに反映させることを決定			WTOシアトル会議，政策市民団体やNGO等による反グローバリゼーション運動

年（西暦）	日　本	欧　州	北　米・オーストラリア	開発途上国	世界の動き
2000年			スターバックス，フェアトレード・コーヒー販売開始		国連によるMDG
2001年		仏，フェアトレード・フェスティバル開催（行政やスーパーと共催）			9月11日事件（アメリカ）／WTOドーハ会議
2001－2002年					コーヒー危機
2002年		イギリス生協，フェアトレード・チョコレートに全面切り替え			
2003年	日本フェアトレードセンター設立	スイス・マクドナルドの全店でフェアトレード・コーヒー採用開始　／FLO-CertがFLOから独立			WTOカンクン会議
2004年	TFJ，フェアトレード・ラベル・ジャパン（FLJ）へ名称変更		Fair Trade Association（オーストラリア）設立		
2005年		超国籍企業ネッスルのフェアトレード参入			WTOパリ・香港会議
2006年	「チョコレボ」（チョコレート革命）のブーム	イギリス大手スーパー「Marks & Spencer」がすべてのコーヒーと紅茶をフェアトレードに切りかえ			WTOジュネーブ会議
2007年	食品偽装や再生紙の偽装問題				

出所：池上（2004）に加筆。

参考：宮本・松田（2006），白井（2006），西垣・下村・辻（2004），Macqueen et al（2006）。

参考文献

1．日本語文献

アニータ・ロディック ハント・ヴェルク（杉田敏訳）『ザ・ボディショップの、みんなが幸せになるビジネス』トランスワールドジャパン、2005年。

池上甲一『拡大するフェアトレードは農産物貿易を変えるか―その意義とパースペクティブ』農業と経済2004年4月号、5―17ページ。

伊佐淳、松尾匡、西川芳昭編著『市民参加のまちづくり―地域の自立と持続可能性【コミュニティ・ビジネス編】』創成社、2006年。

オックスファム・インターナショナル（日本フェアトレード委員会訳、村田武監訳）『コーヒー危機―作られる貧困』筑波書房、2003年。

オックスファム・インターナショナル（渡辺龍也訳）『貧富・公正貿易・NGO―WTOに挑む国際NGOオックスファムの戦略』開発と文化を問うシリーズ10、新評論、2006年。

外務省『ODA 政府開発援助白書 2004年度版』国立印刷局、2004年。

加茂佐知子「第4章　開発途上国支援における収入創造プロジェクトとコミュニティ・ビジネス」62―78ページ、伊佐淳・松尾匡・西川芳昭 編著『市民参加のまちづくり―地域の自立と持続可能性【コミュニティビジネス編】』創成社、2006年。

河口真理子『フェアトレード：経営戦略情報』大和総研・経営戦略研究部、2005年。

経済産業省『通商白書2006』ぎょうせい、2006年。

経済産業省『通商白書2007』ぎょうせい、2007年。

佐藤寛＋アジア経済研究所開発スクール『テキスト社会開発―貧困削減への新たな道筋』日本評論社、2007年。

サフィア・ミニー『おしゃれなエコが世界を救う―女社長のフェアトレード奮闘記』日経BP社、2008年。

ジェレミー・シーブルック（渡辺景子 訳）『世界の貧困―1日1ドルで暮らす人々』青土社、2005年。

ジャン＝ピエール ボリス（林昌宏 訳）『コーヒー、カカオ、米、綿花、コショウの暗黒物語―生産者を死に追いやるグローバル経済』作品社、2005年。

ジョセフ・スティグリッツ『世界を不幸にしたグローバリズムの正体』徳間書店、2002年。

ジョセフ・スティグリッツ、アンドリュー・チャールトン共著（浦田秀次郎監訳・解説、高遠裕子訳）『フェアトレード―格差を生まない経済システム』日本経済新聞出版社、2007年。

白井早由里『マクロ開発経済学：対外援助の新潮流』有斐閣、2005年。

新城直樹・荻原智子・柴田裕一郎・竹下果奈・宮下英之・森下裕子『日本におけるフェアトレードの可能性1：民間主導型・途上国自立支援』早稲田大学 浦田秀次郎研究会 ＩＳＦＪ（日本政策学生会議）フォーラム２００５発表論文、２００５年。

胤森なお子「開発協力領域の社会的企業」第7章、『ソーシャル・アントレプレナーシップ―想いが社会を変える』谷本寛治・唐木宏一・ＳＩＪ編著、ＮＴＴ出版、２００７年。

デイヴィッド・ランサム（市橋秀夫訳）『フェアトレードとは何か』青土社、２００４年。

ナオミ・クライン（松島聖子訳）『ブランドなんか、いらない―搾取で巨大化する大企業の非情』はまの出版、２００１年。

長尾弥生『フェアトレードの時代―顔と暮らしの見えるこれからの国際貿易を目指して』コープ出版、２００８年。

長坂寿久『オランダモデル：制度疲労なき成熟社会』日本経済新聞社、２０００年。

長坂寿久編著『日本のフェアトレード―世界を変える希望の貿易』明石書店、２００８年。

中島佳織『ＪＩＣＡ一村一品運動に係るアフリカ調査団（南アフリカ・エチオピア）２００７年2月20日～3月1日　調査報告書』特定非営利活動法人フェアトレード・ラベル・ジャパン、２００７年。

中森あゆみ『シャプラニールのフェアトレード クラフトリンク活動で得た笑顔』シャプラニール・ブックレットシリーズ11、２００６年。

西垣昭・下村恭民・辻一人『開発援助の経済学：「共生の世界」と日本のＯＤＡ』（第3版）有斐閣、

2004年。

西川潤『社会開発—経済成長から人間中心型成長へ』有斐閣、1997年。

ニコ・ローツェンフランツ、ヴァン・デル・ホフ共著（永田千奈訳）『フェアトレードの冒険—草の根グローバリズムが世界を変える』日経BP出版センター、2007年。

日本貿易振興機構（ジェトロ）『環境と健康に配慮した消費者及び商品・サービス市場』ジャパニーズ・マーケット・レポートNo.78、2006年。

フェアトレード・ラベル・ジャパン『フェアトレード認証ラベル』特定非営利活動法人　フェアトレード・ラベル・ジャパン、2006年。

マイケル・バラッド・ブラウン（青山薫・市橋秀夫訳）『フェアトレード—公正な貿易を求めて』新評論、1998年。

マイルズ・リトヴィーノフ、ジョン・メイドリー共著（市橋秀夫訳）『フェアトレードで買う50の理由』青土社、2007年。

松井和久・山神進編著『一村一品運動と開発途上国—日本の地域振興はどう伝えられたか』アジア経済研究所、2006年。

三浦史子『フェア・トレードを探しに—FAIR TRADE TRAIL』スリーエーネットワーク、2008年。

宮本正興・松田素二編著『新書アフリカ史』（第12刷）講談社現代新書、2006年。

村井吉敬『エビと日本人Ⅱ：暮らしのなかのグローバル化』岩波新書、2007年。

村田武『コーヒーとフェアトレード』筑波書房ブックレット、暮しのなかの食と農28、２００５年。

ムルタトゥーリ（佐藤弘幸訳）『マックス・ハーフェラール―もしくはオランダ商事会社のコーヒー競売』めこん社、２００３年。

柳田国男『木綿以前の事』（12刷）岩波文庫（青）、１９８９年。

ロッド・A・ベックストローム、オリ・ブラフマン共著『ヒトデはクモよりなぜ強い』日経BP社、２００７年。

渡辺龍也「フェアトレードの形成と展開―国際貿易システムへの挑戦―」『現代法学』第14号、東京経済大学、現代法学会誌、２００８年。

渡辺利夫・三浦有史『ODA（政府開発援助）―日本に何ができるか』（再版）中公新書、２００７年。

２．英語文献

AgroFair, 'Annual Report 2006', AgroFair Europe B.V., Barendrecht, The Netherlands, 2007.
Fair Trade Advocacy Office, 'Fair Trade in Europe 2005: Facts and Figures on Fair Trade in 25 European countries' In cooperation with the Heinrich B_ll Foundation. Brussels, 2005.
Fair Trade Advocacy Office, 'Business Unusual: Successes and challenges of fair trade', Fair Trade Advocacy Office, Brussels, 2006.
Fair Trade Company, 'People Tree's Social Review; Be the change' Fair Trade Company, Tokyo, 2007.

Fairtrade Labelling Organizations International, 'Shopping for a better world: Annual report 2003/2004', FLO International, Bonn, 2004.

Fairtrade Labelling Organizations International, 'Delivering opportunities: Annual report 2004/2005', FLO International, Bonn, 2005.

Fairtrade Labelling Organizations International, 'Building Trust: Annual report 2005/2006', FLO International, Bonn, 2006.

Fairtrade Labelling Organizations International, 'Shaping Global Partnerships: Annual report 2006/2007', FLO International, Bonn, 2007.

International Institute of Tropical Agriculture, 'Child Labor in the Cocoa Sector of West Africa: A synthesis of findings in Cameroon, Cōte d' Ivoire, Ghana, and Nigeria' Under the auspices of USAID/USDOL/ILO, Sustainable Tree Crops Program (STCP), 2002.

Macqeen, D.J., Dufey, A. and Patel, B., 'Exploring fair trade timber: A review of issues in current practice, institutional structures and ways forward'. International Institute for Environment and Development (IIED) Small and Medium Forestry Enterprise Series No. 19. IIED, Edinburgh, UK, 2006.

Ponte, S., 'Standards and Sustainability in the Coffee Sector; A Global Value Chain Approach', Danish Institute for International Studies, 2004.

The International Fair Trade Association, 'IFAT 2005 Annual Report', Culemborg, The Netherlands, 2006.

3．雑　誌

『あっと』3号（特集：コーヒーの世界システムと対抗運動）大田出版社、２００６年3月。

『あっと』8号（特集：フェアトレードの現在）大田出版社、２００７年6月。

『暮らしの手帖』第24号（紺野美紗子インタビュー：小さな「善」が集まれば、世界を動かす力になる）暮らしの手帖社、２００６年秋号。

『農業と経済』（特集：新しい農産物貿易―フェアトレードの可能性を探る）昭和堂、２００４年4月号。

『ＪＩＣＡ―フロンティア』（特集 先住民族への支援・持続的な生活の道を探るアルゼンチン）２００４年4月号。

『ジェトロセンサー』２００６年8月号。

4．電子ブック

斉木隆男『フェアトレード～貧困のない世界のためにあなたができること』TI global ブックス、２００６年。

5．本書で取り上げた主なフェアトレード活動団体リスト

アグロフェア（AgroFair）www.agrofair.com
オックスファム・ジャパン http://www.oxfam.jp/
オルター・トレード・ジャパン（ＡＴＪ）http://www.altertrade.co.jp/

カフェ・ディレクト（Cafedirect）www.cafedirect.co.uk

国際フェアトレード・ラベル運動連合

（FLO；Fairtrade Labelling Organizations International） www.fairtrade.net/

国際フェアトレード連盟（IFAT：International Fair Trade Association）/www.ifat.org/

ザ・ボディショップ（THE BODYSHOP）www.the-body-shop.co.jp

シャプラニール http://www.shaplaneer.org/

ソリダリダド（Solidaridad）www.solidaridad.nl

トランス・フェア・ＵＳＡ（TransFair USA）www.transfairusa.org

ネパリ・バザーロ　www.nbazaro.org/indexj.htm

フェアトレード学生ネットワーク www.ftsnjapan.org

フェアトレードカンパニー（株）／グローバル・ヴィレッジ www.peopletree.co.jp / www.globalvillage.co.jp

フェアトレード情報室（主催：フェアトレード&エコロジーの店「ふぇあうぃんず」）

mscience.jp/index2.htm

フェアトレード・スタイル www.fairtrade-net.org/

フェアトレード・ラベル・ジャパン（ＦＬＪ）www.fairtrade-jp.org/

フェアトレードリソースセンター　www.ftrc-jp.org/

福市（株）fukuichi.jugem.jp/ www.love-sense.jp/

マックス・ハベラー www.maxhavelaar.nl
レインフォレスト・アライアンス（Rainforest Alliance） www.rainforest-alliance.org/japanese/ra.html
European Fair Trade Association（EFTA） www.european-fair-trade-association.org/
Fairtrade Original（FTO） www.fairtrade.nl
Ten Thousand Villages　http://www.tenthousandvillages.com/php/about.us/history.php/ および http://www.tenthousandvillages.ca/mas_assets/pdfs/CanadaAnnualReport.pdf
Utz Certified（Good Inside） www.utzcertified.org

6．本書で参考とした関連ウェブサイト

ヨーロッパのフェアトレードショップ　www.worldshops.org/index.html
スターバックス　www.starbucks.co.jp
グッドバンカー（株） www.goodbankers.co.jp
財団法人日本環境協会 エコマーク事務局　http://www.ecomark.jp/frend.html
日本チョコレート協会『日本チョコレート協会ホームページ』http://www.chocolate-cocoa.com/index.html.
星暁雄（２００５）「メインストリームとオルタナティブ」に関する覚え書き：エンタープライズ Java 情報 Blog　http://blog.nikkeibp.co.jp/cgi-bin/mt/mt-tb.cgi/３２８（２００６年４月27日閲覧）

ＩＬＯ駐日事務所（児童労働と農業）
http://www.ilo.org/public/japanese/region/asro/tokyo/ipec/facts/sectorial/agricult/05.htm

ＪＩＣＡ技術協力プロジェクト：エチオピア　ベレテ・ゲラ参加型森林管理計画フェーズ２
http://project.jica.go.jp/ethiopia/0604584/english/news.php

ＮＧＯ－ＪＩＣＡジャパンデスク・アルゼンチン http://www.ngo-jica.org.ar

SNV　www.snvworld.com

Triodos Bank（www.triodos.nl　オランダ語 / www.triodos.com　英語）

７．関連の映画やドキュメンタリー

イギリス製作のドキュメンタリー映画『Black Gold（おいしいコーヒーの真実）』www.blackgoldmovie.com

デンマーク製作のドキュメンタリー映画『A Killer Bargain』（ＮＨＫ BS 世界のドキュメンタリーシリーズ「目覚める大国 インド：綿花地帯からの告発」２００７年2月6日放映）。

《著者紹介》
清水　正（しみず・ただし）

1965年生まれ。
1988年　北海道大学農学部林学科卒業
1994年　オランダ・ワーグニンゲン大学修士（熱帯林業）修了
青年海外協力隊（ネパール），(財)国際開発高等教育機構（FASID），ECOSUR（メキシコ），JICA専門家（ネパールおよびボリヴィア），国際連合食糧農業機関（FAO）本部勤務，株式会社レックス・インターナショナル・コンサルタント事業部（在オランダ）等を経て，
現　在　米州開発銀行（IADB）本部・持続的可能なエネルギー及び気候変動課在籍（www.iadb.org/secci）

主要著書

『青年海外協力隊がつくる日本』（編著）創成社，2011年。
『市民参加のまちづくり【コミュニティ・ビジネス編】』（共著）創成社，2006年。
『ネパールを知るための60章』（共著）明石書店，2000年。
「国際技術協力プロジェクト実施における住民参加型アプローチ導入のあり方と今後の課題－ボリヴィア・タリハ渓谷浸食防止・住民造林計画（PROCER）の事例を基に－」（共著）『熱帯農業50（2）』95-101，2006年。

（検印省略）

2008年 6 月20日　初版発行
2011年 3 月20日　二刷発行　　略称－フェアトレード

世界に広がるフェアトレード
―このチョコレートが安心な理由《わけ》―

著　者　清　水　　正
発行者　塚　田　尚　寛

発行所　東京都文京区春日2－13－1　株式会社　創　成　社
電　話 03（3868）3867　FAX 03（5802）6802
出版部 03（3868）3857　振 替 00150-9-191261
http://www.books-sosei.com

定価はカバーに表示してあります。

ISBN978-4-7944-5026-5 C3234
Printed in Japan

組版：トミ・アート　印刷：平河工業社
製本：宮製本所
落丁・乱丁本はお取り替えいたします。

創成社新書・国際協力シリーズ刊行にあたって

グローバリゼーションが急速に進む中で、日本をはじめとする多くの先進国において、市民が国内情勢の変化に伴って内向きの思考・行動に傾く状況が起こっている。地球規模の環境問題や貧困とテロの問題などグローバルな課題を一つ一つ解決しなければ私たち人類の未来がないことはわかっていながら、一人ひとりの私たちにとってなにをすればいいか考えることは容易ではない。情報化社会とは言われているが、わが国では、世界で、とくに開発途上国で実際に何が起こっているのか、どのような取り組みがなされているのかについて知る機会も情報も少ないままである。

私たち「国際協力シリーズ」の筆者たちはこのような背景を共有の理解とし、このシリーズを企画した。すでに多くの類書がある中で、私たちのシリーズは、著者たちが国際協力の実務と研究の両方を経験しており、現場の生の様子をお伝えするとともに、それらの事象を客観的に説明することにも心がけていることに特色がある。シリーズに収められた一冊一冊は国際協力の多様な側面を、その地域別特色、協力の手法、課題などからひとつをとりあげて話題を提供している。また、国際協力を、決して、私たちから遠い国に住む人々のためだけの利他的活動だとは理解せずに、国際協力が著者自身を含めた日本の市民にとって大きな意味を持つことを、個人史の紹介を含めて執筆者たちと読者との共有を目指している。

本書を手にとって下さったかたがたが、本シリーズとの出会いをきっかけに、国内外における国際協力や地域における生活の質の向上につながる活動に参加したり、さらに専門的な学びに導かれたりすれば筆者たちにとって望外の喜びである。

国際協力シリーズ執筆者を代表して
西川芳昭